检验员:
厂　名:
厂　址:
此产
将合格
查找原

《山西文華》編纂委員會 編

山西文華·史料編

山右冢墓遺文

民國 羅振玉◎輯録

圖書在版編目(CIP)數據

山右冢墓遺文 / 羅振玉輯録. —太原：三晋出版社，2018.6
ISBN 978-7-5457-1744-0

Ⅰ. ①山… Ⅱ. ①羅… Ⅲ. ①碑文—彙編—中國—古代
Ⅳ. ① K877.423

中國版本圖書館 CIP 數據核字(2018)第 170634 號

山右冢墓遺文

輯 録 者：〔民國〕羅振玉
責任編輯：解 瑞
封扉設計：山西天目·王明自

出 版 者：山西出版傳媒集團·三晋出版社（原山西古籍出版社）
地　　址：太原市建設南路 21 號
郵　　編：030012
電　　話：0351-4922268（發行中心）
　　　　　0351-4956036（總編室）
　　　　　0351-4922203（印製部）
網　　址：http://www.sjcbs.cn

經 銷 者：新華書店
承 印 者：山西人民印刷有限責任公司

開　　本：700mm × 1000mm　1/16
印　　張：12.75
字　　數：63 千字
版　　次：2018 年 7 月　第 1 版
印　　次：2018 年 7 月　第 1 次印刷
書　　號：ISBN　978-7-5457-1744-0
定　　價：70.00 圓

《山西文華》編纂委員會

《山西文華》學術顧問委員會

《山西文華》分編主編

出版説明

山西東屏太行，西瀕黃河，北通塞外，南控中原，是中華民族的主要發祥地之一。中華文明輝煌燦爛，三晉文化源遠流長。歷史文獻豐富、文化遺産厚重，形成了兼容並包、積澱深厚、韵味獨特的晉文化。山西省政府決定編纂大型歷史文獻叢書《山西文華》，以彙集三晉文獻、傳承三晉文化、弘揚三晉文明。

《山西文華》力求把握正確方向，尊重歷史原貌，突出山西特色，薈萃文化精華，按照搶救、保護、整理、傳承的原則整理出版圖書。叢書規模大，編纂時間長，參與人員多，特將有關編纂則例簡要説明如下。

一、《山西文華》是有關山西現今地域的大型歷史文獻叢書，分「著述編」「史料編」「圖録編」。每編之下項目平列；重大系列性項目，按其項目規模特徵，制定合理的編纂方式。

二、「著述編」以一九四九年十月一日前山西籍作者（含長期在晉之作者）的著述爲主，兼收今人有關山西歷史文化的研究性著述。

三、「史料編」收録一九四九年十月一日前有關山西的方志、金石、日記、年譜、族譜、檔案、報刊等史料，

以影印爲主要整理方式。

四、「圖録編」主要收録一九四九年十月一日前有關山西的文化遺産精華，包括古代建築、壁畫、彩塑、書畫、民間藝術等，兼收古地圖等大型圖文資料。

五、今人著述采用簡體漢字横排，古代著述采用繁體漢字横排。

《山西文華》編纂委員會

出版前言

《山右冢墓遺文》，是晚清民國時期金石專家羅振玉所輯各地冢墓遺文之一種。金石學是清代最爲顯赫的學問之一，成就甚大，涉及面甚廣，名家輩出。羅振玉爲其殿軍，也爲集大成者。他輯各地冢墓遺文，未見説明，不知其由。據統計，當時所輯者，涉及吴中、兩浙、襄陽、京畿、東都、芒洛（有四編）、山左、山右、中州，共九種，每種均以「冢墓遺文」名之，其目的或在于補充各地已有金石史料之不足。而其專收冢墓遺文，概因此類墓誌多半爲新出土者，以引起學界足够重視。所謂「冢墓遺文」，就是墓誌，羅振玉或出于强調其文獻價值之目的，故曰「遺文」。

《山右冢墓遺文》一卷，附補遺一卷，正卷分卷上、卷下。全書收録東魏興和二年（五四〇）到金明昌二年（一一九一）的墓誌一百零五篇，其中魏一篇、隋八篇、唐九十篇、後晋二篇、宋三篇、金一篇。唐九十篇中，含武周時期遺文十五篇。唐開元六年《任愛墓誌》于卷下、補遺重出，今影印出版，不作删改。羅氏收録時，按正統觀念，將「武周」稱爲「僞周」，今出于保持古籍原貌考慮，未作修改。羅氏在抄校此書時，用字有避清帝諱者，今之目録、頁眉不予保留，一律改爲規範漢字。

墓誌是石刻的重要組成部分，但墓誌存于地下，字迹較清晰，基本可實現全文閱讀，《山右冢墓遺文》即大致如是。羅振玉在輯存碑文時，對有極少殘損者，則以「□」標出，又于文前特别列出每方墓誌的尺寸、行數，每行字數及書寫字體，爲研究者提供了參考數據和想象空間。　書寫正文，則按每行字數以横綫隔開，讀者可推知原碑面貌。本書的内容，有如下特點：　其一，所收遺文從東魏至金，達六百五十餘年，時間跨度大。其二，主要内容集中在隋唐時期，隋唐時期之墓誌收録達九十八篇，是隋唐史的重要補充。　而其所述地域集中在今山西晋東南地區，又是該地域此期歷史的重要補充。　如《李沖墓誌》載，隋初上黨人李沖爲壺關令，其祖爲青州刺史，其父爲趙州刺史轉并州刺史。《苗明墓誌》載，其十一代祖爲漢代大司馬，封潞縣，食邑屯留，子孫因即家焉。其曾祖在魏封安樂侯，其祖在齊封諫議大夫，其父先任上黨郡主簿，后任長子縣令。苗明于唐初隨義軍破武周，「秩授朝散，酬報鴻勳」。其三，墓誌主人多爲晋南、晋東南籍，其中山西望族太原王氏、柳氏，上黨馮氏、暴氏、申氏，都可憑此追尋蹤迹。如《暴賢墓誌》載，賢字洪相，出自清州暴氏，即周文王之孫叔懷之後。賢之祖先任職潞城，遂居潞。其曾祖曾擔任并州郡守，祖父任洛州河南縣令，其父任鄉正。至賢，則優游林下，享年六十有七，于唐顯慶三年十月二十四日葬于潞州城西八里之地……所述甚詳。此外，又有隋暴永、唐暴廉等墓誌，可互參之。另外，清河崔氏、范陽盧氏等當時的豪族，在其中也多有反映。清河崔氏，乃是唐代巨族，書中亦有多種墓誌記載，而屯留縣至今尚有東崔、西崔之地，或即唐代崔氏後裔之分部，可供詳細稽考。如唐延載元年（六九四）《崔言墓誌》等，述清河崔氏爲官上黨，即移居屯留。開元二十六年（七三

八)《李素墓誌》記隴西李氏移居長子縣，也言之甚詳。其四，遺文屬武周時期者，多當時新造的字，羅振玉皆原樣復製，使讀者得以一窺其體，于古文字研究大有裨益。其五，遺文中提到的典章、人物，必有補于史實，而其中提到的縣城以及鄉村（多爲上黨一帶屯留、潞城、長子、壺關之鄉村，比較集中）可引爲今之對照，是方志學者重要的研究史料。

郭建平

二〇一八年七月

目録

卷下

山右冢墓遺文目錄

卷上

魏

隋

唐

王才墓誌 永昌二年四月

董冬墓誌 永淳元年十月

孫德墓誌 光宅元年十月

田玄善妻張氏墓誌 垂拱二年十月

郭本墓誌 垂拱四年十一月

僞周

陳平墓誌 [illegible]初元年臘月

王朋墓誌 天授二年九月

申屠寶墓誌 天授三年正月

崔言墓誌 延載元年四月

常舉墓誌 萬歲通天元年

姬素墓誌 聖曆二年三月

李買墓誌 久視元年十一月

賈文行墓誌 永淳元年八月

崔通墓誌 永淳元年十月

張濟墓誌 垂拱元年十月

程丞墓誌 垂拱四年十一月

王裕墓誌 天授二年四月

□堯墓誌 天授二年十月

申屠義墓誌 如意元年九月

牛高墓誌 萬歲通天元年正月

□義墓誌 萬歲通天二年四月

馮名墓誌 久視元年九月

劉公綽墓誌 久視元年十一年

卷下

唐

大德禪師墓誌乾元元年十二月　苗仁亮墓誌[redacted]應元年十月

李良金墓誌大歷三年十一月　崔昭墓誌大歷十年十月

璩崇胄墓誌大歷十二年十一月　郭雲墓誌大歷十三年十一月

崔禮及弟進墓誌建中二年十月　王景詮墓誌建中三年三月

張石墓誌貞元八年二月　蔡崇敏墓誌貞元九年三月

劉建墓誌貞元十四年十二月　王守廉墓誌元和六年九月

申屠輝光墓誌元和十一年十一月　秦愛及夫人墓誌元和十二年九月

田意真墓誌元和十二年十二月　王守康墓誌元和十四年十月

田氏夫人墓誌寶歷元年四月　解君夫人張氏墓誌寶歷元年九月

鄭仲連墓誌寶歷二年十一月　梁春墓誌大和七年十一月

田万昇墓誌大和八年十一月　王希玩墓誌開成五年二月

蔡儒墓誌咸通十二年三月　牛延宗墓誌乾符四年二月

郭全豊及夫人宋氏墓誌乾符六年閏十月

目錄

山右冢墓遺文卷上

上虞 羅振玉 校錄

魏

劉懿墓誌

高二尺四寸四分廣二尺三寸八分三十二行行三十三字正書

魏故使持節侍中驃騎大將軍太保太尉公録尚書事都
督冀定瀛殷并涼汾晉建郏肆十一州諸軍事冀州刺史
郏肆二州大中正第一酋長敷城縣開國公劉君墓誌銘
君諱懿字貴珍弘農華陰人也自豢龍啓冑赤鳥降祥晷
石相連犬牙交錯長原遠葉繁衍不窮袞衣朱紱蟬聯弈
世祖給事德潤於身民譽斯在父肆州行成於已名高當
世君體局强正氣幹雄立剛柔並運方圓備舉棄置書劒
宿負英豪之志指畫山澤早懷將率之心起家為大將軍

府騎兵參軍第一酋長莊帝之初以勳參義舉封穀城縣開國伯食邑五百戶除直閤將軍左中郎將左將軍太中大夫帝嵩時意以為未盡進爵為公□戶五百拜散騎常侍撫軍將軍乃除使持節都督涼州諸軍事本將軍涼州□□□鎮西將軍常侍開國如故又為征南將軍金紫光祿大夫兼尚書右僕射西南道行臺復除使持節都督二汾晉三州諸軍事驃騎將軍晉州刺史又行汾州事大丞相勃海王命世挺生應期霸世君既同德比義事等魚水乃除使持節都督肆州諸軍事本將軍肆州刺史又加驃騎大將軍儀同三司餘如故及聖明啓運定鼎鄴宮乃睠西顧權烽未息遂以君為使持節都督鄭州諸軍事本將軍鄭州刺史儀同開國如故又以本秩為御史中尉復兼尚書僕射西南道行臺加開府餘如故式遏姧寇鎮靜河

洛復路還朝仍居本位君自解巾入仕撫劒從戎威略胥
聞強毅著稱其猶高松胥棟梁之質類如金石懷堅剛之
性既時逢多難世屬慼憂羣飛競起横流未歇折衝行陣
之間運籌帷幄之内雄啚壯志與韓白連衡將略兵權共
孫吳合契猛烈同於夏日嚴厲等於秋霜去草逐雀懷鷹
鸇之氣誅犲制兕起卧肅之威降年不永奄從晨露以興
和元年十一月辛亥朔十七日丁卯薨於鄴都追贈使持
節侍中太保太尉公録尚書事都督冀定瀛殷并五州諸
軍事冀州刺史餘官如故粤以 年歲在庚申正月庚戌
朔廿四日癸酉葬於肆盧鄉孝義里乃作銘曰
淼淼長瀾巖巖峻趾就日成德聚星効祉家風未沫世禄
不已於穆夫君一日千里昂昂風氣烈烈霜威進退胥度
信義無違行高州里聲滿邦畿抗足高鶱理翮奮飛秉麾

執鐸南臨北撫爾清邦國折衝壃寓駿足未窮逸翮方舉

奄異金石遽同草莽沓言歸奔脊嗟臨穴荆棘方生松檟

將列千秋万古光沉影絶陵谷若虧聲芳脊晰

夫人常山王之孫尚書左僕射允生之女

長子撫軍將軍銀青光禄大夫都督肆州諸軍

事肆州刺史允孫

妻驃騎大將軍司徒公元恭之女

世子散騎常侍千牛備身洪徽

妻大丞相勃海高王之第三女

次子肆州主簿徽彥

少子徽祖

隋

暴永墓誌

高廣各二尺十八行行十八字隸書蓋
題隋故定州刺史暴君之墓誌銘篆書

君諱永字延業上黨壺關人也周大夫暴公之苗裔祚土
千里之鍪位尊八命之禮馭四馬於周郊載九旒於像魏
啓邑開封鉼昭青史譜藻嘉於夙成餘芳播於遐代遠祖
聰漢景帝初剖符今竹經莅此邦枝葉緜緜遂宅斯邑祖
擒解褐征南將軍拜并州刺史君溫恭剋讓後已先人令
望令聞形於家國水運告終群龍鼎跱齊神武帝鳳戢晉
陽虎視河洛以君志氣夙成徵爲晉州城局參軍解綬戎
麾歸俗溫清郡辟功曹典和之季龍戰中原烽火夜馳華
蕃擊析爲當郡大都督行壺關樂陽二縣禮及懸車授它
州刺史開皇九年七月三日薨於第其年十月廿有四日
型壺關城西十有五里慈澤鄉行義里一扃泉戶碑上金
生黃鶴吟哀樓童罕識乃爲銘曰

武王枝子啓土周繼位尊德重響著雅詩枝葉縣縣傳芳
百世漢道方隆爵連華袞唯君雄果早著嘉聲脫屣辭世
碑上金生

□君殘墓誌

高一尺七寸五分廣存一尺七寸六分
前上下角缺存十五行行十五字正書

□□□□□□□趙郡人也□□□□□□□□□子孫
受封於趙世□□□□父胥作王室之功執王執□
□□之所頌六世祖全芝鎮東大將軍□郡公荊州刺史
食邑上董因住於此祖女香衛大將軍史特節中山郡守
父文□威武將軍光祿大夫太原郡守君身□□錄事參
軍郡參議縣光迊功曹年六十七武平五年七月廿日卒
大運胥其梁木忽委㙜於長子城西北十里東提眕邑右
俠刀黄前臨漳水後帶銅宫其所閑哉唯君處鄉無相杵

之聲邑絕哥謹之勾雕僂抱□更無白雪之音掂沙歸崚
幸其鴻鵠□□銘粵　開皇十四年歲在甲寅二十□□□
□□日□□

李沖墓誌

高一尺九寸三分廣一尺九寸五分十九行行十九字正書蓋題隋故李君墓誌之銘篆書

隋故壺關縣令李君墓誌銘
君諱沖字鴻舉并州上黨人也昔三代之末伯陽爲周之
史大國之初左車任趙之相簪於載籍可略而言祖宜青
州刺史父恩趙州刺史並宣惠化俱播風聲豈直胡賢胡
威方稱□美劉靖劉馥獨克負荷而已我齊武平二年轉
授并州刺史帝覩詔曰今還本鄉可謂帨繡晨任得之公
長君孝悌表自閨門誠敬聞於鄉郡太守鄭公乃剖棘求
珠見石知玉辟爲主簿而君志在封侯心存廟嗣每同梁

□常歎徒勞辭不獲免轉為郡正仍行壺關寄氏二縣令事豈意埋魄不驗服入先徵大象二年奄然賓館春秋卌有四夫人郭氏既有婦德又足母儀大業二年五月卒即以其年十二月合葬於關龍逢山左宋微子城前嗚呼哀哉乃為銘曰

周因殷礼百世可知豈但王史何止帝師象賢累葉繼體重規朱輪夕轉繡蓋晨飛窋專劉馥豈擅胡威封侯有望廟食將悕埋魄驗後服入先依穀室雖異死穴同歸泉扃一閟長掩雙扉松青柳白桂馥蘭菲稱門諱祜淚下看碑

□弘秤墓誌

高廣各一尺六寸十八行行十八字正書

□大隨大業二年歲次王民朔十二月壬午□□弘秤潞州屯留縣人也夏雨豈皆晉開□之□侑回官轉軍遂居

澤州刺史即為家蔦夫空鳥楎睎朗曜熏搦之天光危玄
光用曉靡遏之地□脩松易朽天姓難離何怨金□翳將
徒□相開法賢才雄並俑德表冀珍兒鎮觀刑文□洛玉
金帝身授明威將軍淩容勇宠拔似孫竹之依□麸賀研
筆泉才之美妙洛央風流迹忽□其官身掩黃泉刑居壇
壞可嗟兮悲任毋而無□可念兮咸唯而至切身沉故遝
不歸鷲□妻祭阿妃軒合八素□弘弄年六十五息□□
莘季捉月甚十有八臺司令侑眼措佳□□□五經身彼
八素鳥[redacted]州刺史白烏光□□□□□暴假辰逝遝土色
嵗雄丙辰十□□□□日壬午時便□□死左東北三
□□□□□□□□寫泉門誦之如尤其詞□
無遏人居死□身掩長寘□□□□□□□□□唯相唱
王□無幸□缺下

崔玉墓誌

高一尺七寸三分廣一尺七寸
六分十八行行十八字正書

君諱玉字松林上黨屯留顯陽鄉孝義里人也其先炎帝
胄俏封望於裔地方五百秦皇受彔用始祖崔伯基為太
傅封清河晉后膺期因官住此太祖崔暉并雍二州刺史
食邑屯留曾祖崔惠佖南大將軍西河太守金紫光祿大
夫祖崔虒德蘭四稱勳効有功除為東宮洗馬明威將軍
悖陵太守父崔玠志業肅成文武可取摽虒口而揮戈上
魚門而玄胄故以名入司勳功高賞爵除為高唐令林身
藉祖父之弘基懷邑父之愠德名流州郡聲高制錦周建
德六年舉為郡功曹何啚㨨鍾春秋六十有二而卒以大
隋大業十一年歲次之亥正月甲午朔廿七日庚申葬在
顯陽鄉平原之地南瞻零泉之水北望黃沙之山東帶濁

滰西有積石刊石立銘
其詞曰林性好閑雅愽聞大度志意唯猛神貧獨步褒含
廣博名稱遠譽三歸十善和禮通布施境无常電光不住
不継煩惚之囙同入涅槃之路忽離楨陋遊神淨土自在
无為秪洹之祖

唐

暴賢墓誌

高一尺七寸七分廣一尺七寸五分十八行行十八字正書

君諱賢字洪相允出清州暴也周文王之孫𣓨懷是也乃
德俠弘遠𩯭首成龍乃致太平神基貴遠迢〻麗筆列封
諸侯迹〻巧詞遂封𣓨懷於暴城侯囙官任官子孫遂居
潞部曾祖諱一　歲齊任并州郡守珪璋之望早楷人瑶
推擇能宿光行士祖諱扌暴賢任洛州河南縣令道秀人宗

行高士則　父前任鄉丘家門寄悌所任官五袴盈朝清
風滿潞何其九絶忽尒斯惟既而逝水難旋危花易落春
秋六十有七卒於私第顯慶三年歲次戊午十月庚戌朔
廿四日癸酉葬在潞州城西八里東瞻壺口西望漳河南
覩羊頭北觀三嵕思山谷揶移勒爲銘記其詞曰　風流
高遠乃側典摸鏗鏘鳳關榮馬佳衢恭衍埶轡出入京都
死然㰕命淚下嗚呼其一　簪来不簪冠来不冠四馬六轡
永絶鳴鸞傷離親故逢歡不歡潛然落桂瘞矣埋蘭其二白
駒遇隙風樹飄零玉山頹殞仆栢摧青槐飛高漢氣入幽
窴五神澍鼻類等浮洴

樊寬墓誌

高廣各一尺八寸九分二十二行行
二十二字正書蓋題樊君墓誌篆書

君諱寬字弘度蒲州河東人也周樊侯之遠胤漢南陽令

德雲之末孫若夫長源帶地共德水而齊流崇基㮣天與
嵩岱而俱峙祖贍齊右衛將軍盌龍公英規振遠雄略縱
横同夏日之威比秋霜之勵父佳隨刑部主事神機鑒朗
懿德鈎深朝野挹其楷模縉紳欽其令範君家承閥閱挺
秀儀形稟天質以貞明不鋼鏤而成寶汪汪萬頃湛雅量
於黃陂千丈森森秀和松之直皦皦信義於交友盡敬愛
於閨門爲宗族之珪璋寔鄉閭之領袖屬隨季版蕩天下
分崩戢曜潛輝不干名利玩琴罇以取適託泉石以娛情
高蹈風雲蕭然自逸方冀賞趣望保遐齡膏肓之疾未瘳
風燭之期奄及春秋卌有九没於私寢夫人韓氏稟閨帷
之訓秀絶代之姿六行發自生知四德元資天縱初笄之
年歸於樊氏寔恪朝夕禮則無虧孀婉温柔瑟琴方韻降
年不永早逝天傾誓守兩髦閑居孀獨悲懷紆鬱遂結沈

痾先後異時同歸窀穸長子師廣弱冠早亡三女見存出
戚他族其女等傷禋祀之無主痛神靈之靡依荼蓼縈心
哀懷罔極共營泉室孝備始終以大唐顯慶五年歲次庚
申二月壬申朔十三日甲申合葬於故錢坊東北一里恐
高岸爲谷大海成田託諸金石冀無忘焉乃爲銘曰
門承積善餘慶方隆鍾鼎代襲蟬聯靡終振人繼武克紹
光融如金如玉惟孝惟思其一驚川易逝隙駟難留蕭蕭風
樹巖巖夜舟一歸郊野萬古荒丘唯餘令問永播芳猷其二

苗明墓誌

高廣各二尺四寸六分二十四行行二十四字正書

君諱明字暉叅潁川長社人也軒黃之苗裔堯司徒公后
稷弃稷也故能殖其嘉穀拯三戶之阻饑倉廩盈備安万
方之强盛遂得福流後嗣衣纓不絕十一代祖暨漢景帝

後元三年爲大司馬封潞縣侯食邑乇留子孫曰即家於
此焉曾祖居魏封安樂侯祖洪齊天保年中封諫議大夫
安德王輔佐嚴毅肅恭幕府欽开令範父先隨開皇二年
州貢明經行絛廉潔孝悌敦册甲科起家游騎尉至大業
初任上黨郡主簿職揔群司能官平恕後行長子縣令俯
臨邑宰字育奇術黎庶俱賀来蘇矜恤𤰞方士女咸稱至
晥君即其苐二子也夙彰令譽懷邴原之風彩志行徳懋
抱鄧禹之徽猷然洞曉幽微機神朗悟屬唐啓運先赴義
旗勇決驍雄摧破武周兇黨秩授朝散酬報鴻勲然識道
徳之洊隆知榮辱止倚伏雖珮戎職非其好也於是丘園
守素體道居貞上玄不鑒春秋七十ナ三顯慶四年二夕
十九⊙丙寅掩𦙶風燭衰哉命也其妻馮氏乃隨驃騎将
軍潞州刺史馮科之孫女也貞惠淑慎聖善毋儀肅穆閨

闍防閫內則可謂賢妃良彵風□不□相次但落以大唐
𠔃年實洸之歲從其物化即以其年𠔃月辛丑朔九日己
酉合葬於□猖縣西廿二里三崚山之陽礼也恐田成碧
𦶜谷變蒼山故銘記于泉户烏虖哀哉乃爲頌曰
穆穆軒黄明明后稷貴賤彰顯嘉禾囷殖佐列鴻猷貽芳
垂則循嗣英喆皇王羽翼其一　君之繼軌擒緒緜長堂基
不墜負揄克昌雖沾戎秩不以榮先居貞體道物表翺翔
其二　其妻馮氏髙門盛族來適君子彰斯令淑桂轉
弥芳蘭移更馥不意霜災俱從風燭其三
駮騎尉苗君墓誌銘文　大唐顯慶𠔃年五月九日殯葬
銘記

郭敬墓誌

高二尺零六分廣二尺零二
分十九行行十九字正書

君諱敬字化和幷州太原人也帝軒轅之苗胄十七代祖
郭大儒大魏政始二年蒙除晉州刺史子孫遂居晉部和
德義早彰父同宿橫隨任貝州宗城縣尉和子士偘任洪
洞縣功曹祖孫塟於洪洞縣界又隨季坂蕩四海沸騰百姓
流移万人馳走其其和孫妻蓬轉萍浮播遷此土夫人乃
是王昶俏裹夫人笄將兩六郎与郭氏結姻二七之年遂
便入室心懷孝德志氣忠貞四行邊於鄉閭七德傳於州
邑誰謂日駁不停儀辞風月嗚呼哀哉以顯慶五年歲次
庚申四月辛未朔二日壬申春秋六十有九忽同秋葉即
以其年十月戊辰朔廿九日景申塟於李村西南四里其
地也東臨大壑西望方山却背藍河前瞻長嶺恐山移海
易日注月來雕石稱傳刊銘著美其辞曰　太原松竹葉
散交分曰官晉部莫聲遠聞子孫不替飃播如雲榮寵俄

然千載追君 其一 夫人孝悌邦邑稱揚婦儀婦德閭里名彰爲竹爲仁聲踰遠鄉何期風月忽尓無常 其三 百齡俄頃千載難迴神形一去魂□□來長埋深壤幽房不開泣追爲頌嗚呼哀哉

鄧恢墓誌

高廣各二尺四寸四分二十一行行二十一字正書

君諱恢字文廓南陽人也因官徙駕遂宅乇留其先□墓黃帝漢相侍中鄧艾之苗裔鎮北將軍鄧辰之貴□胄夫瓊根始構瑶緒苃於帝軒玉樹分柯寶族興於□洎茲以降厥後大昌閥閱蟬聯不可同日而言矣 曾祖顯齊燿烽將軍使持節四州諸軍事恒州刺史 祖遵明威將軍兼長流幽州都督 父霞隨朝請俄遷清胡府校尉並得謀猷王略參預霸機有熠緹緗照彰雲閣惟君承家赤水

蘊貲紫山竹野逢擭早知劒術　唐運之始九五龍飛
君預八百之期遂遣盟津之會搴旗斬將屢捷魚麗告廟
禁功起家上柱國方當輸誠降闕盡節紫庭不謂忠効莫
申風霜湊理大唐咸亨元年十月六日殞於私第嗚呼哀
哉楚寶不復登壇漢珠旡由照乘士女流涕如思鄭產之
亡寮寀嗟嗟似喪羊公之沒宅兆旡曠窀穸有期即以咸
亨二年十二月甲子朔十日癸酉遷窆於余吾城東北二
里東瞻大澤龍虵所生西瞰嵕山風雲交會南臨絳水縣
帶屯留北眺傾城聖泉霧異於其四眎乃置爾爲陵谷
遷移勒斯銘記其詞曰　壽丘孕聖鄧國開基金柯潔燿
玉葉凝暉千齡軒冕万古垂衣其一　君之嗣也維岳降生
松貞竹秀玉潤珠明雄圖欝起謀略從橫其二　閱川不駐
日迫崦嵫玉辭荊岫珠沉漢湄勒銘悽愴斯人在斯其三

暴廉墓誌

高廣各三尺零五分二十二行行二十二字正書

君諱廉字清潞州上黨人也府君盖承暴戍侯之苗裔定陽王之玄孫莫不令譽綿長神基遠古者也高　祖功深業大流芳圖史開國承家緬餘千載任懷州刺史曾　祖聞秤領袖道藝幽長令撫高明綽有冀人之德齊任許州司馬　祖任岐州太中正君德望斤斤流芳潞部器宇凝邃邑宰稱其楷模雅量洞開鄉閭望為規矩可謂芝蘭獨秀不鏤而彫松竹挺生不扶自直加以開閤待士長袖留賓意悅百家情興九臨發言為論下筆成章禮讓自居儉素恒足誰知善根未洙果業先彰朝露易晞隙駒難駐春秋十有八卒於華館又復生為仁孝巨而有零遂感里無巷歌舂不相杵夫人賈氏妍同洛浦智如〇恭姜四德有餘七

備咸悉不謂歲當沽洗奄就泉門九族傷嗟興言哽塞大
息諤族竿志業望伴鳳岭天閈戶脩文擬乘龍而入漢何
其遠忠赤上申年癸殁□以咸亨四年二月丁巳朔廿八日
葬於郯城西一十六里左瞻白水右覩青山前望藍河却
臨崗草木謝春園秋月芳樹花池而以式恐畏年深歲易海
變成塵勒石刊名乃為銘曰　誕生君子體包仁物避官
潛形擧衣高揖若愚若賢且榮且欝談詠古今其言似訥
其一年來歲往去若輪迴寒六移暑擾節氣相催纖河東度照
日西頹何其電火奄就塵灰其二顏如司馬猖似潘陽迴如
鳳轉動若龍翔言成軌則語會高天不樺善奄啚貞良其三
泉門易奄墜戶難開鳴呼逝矣哽咽悲哉幽零共苹承塵臥及
韓昂墓誌

高廣各二尺三寸五分二十五行行二十五字正書

卷上　唐　暴廉　韓昂

唐故驍騎尉韓府君墓誌銘 并序

君諱昂字孝昂上黨襄垣人也自周后乘時搆興王於大業晉卿出躬披絕簡於幽圖安國飛華譽髙梁蒐伯基晦景響振秦郊功凝首出之先德被生靈之右昭絢圖史可以略言祖嵩韜光不仕陶譚汶菊跡逸想於折晉許樹懸瓢張高情於洗耳父年隋隴州汧源縣鄉長良弓嗣美隆棟馳芳下丹究以舒文洞驪泉而寫耀貞非遯俗隱異遠親晦明略於危邦體安排於陋巷君智山擢幹渥水分姿無煩括羽之榮自表摧奇之質傍遊四術業與解頤遠邇六戎猛踰通臂還而隋綱不振大寶將遷傾晉祚於昌明掃秦業於胡亥君鑒董扶之說感般熖之言孝南陽之伏符察東井之祥緯俄從豹變歘款蟆門授驍騎尉隋班例也既而天地交泰日月貞明靡薰風於舜絃志帝力於堯

壞湛幽情於蠹簡思合五門矜雅操於穿秫契通三古山
陽攡電無虧繕性之方漢滋涜畦自得忘機之樂清哇虔
曲響韻韓娥緑綺浮音調諧師父坐客恆湍衣昇之迹可
尋礡酒不空文聚之情斯泰亭〻秀氣遠出煙霞肅〻清
風近流松栢實謂人倫准的月旦雌黄者爲悲夫三樂當
歌始慰循陔之慕九原馳思俄聞陟岵之悲以上元二年
九月九日終於家弟春秋七十有九即以其年十一月辛
丑朔廿日庚申葬於襄垣縣西南卅里之原禮也嗣子楚
元等哀纏風樹痛結寒泉悲舟壑之遷徙悼桒海之遞遷
刊哲人之勝躅播芳猷於永年其詞曰
緯哉慶緒系彼周王伯休承裕安國聯芳功驂九野譽動
八荒粤鍾明哲家聲載揚其一猗歟克搆材雄杞梓展効蘇
門棲情學市道光瑤璧德允桃李不吊穹蒼遷殲蘭芷其二

先遠既符稱家斯設哀歌動引靈輀儼轍漠〻宵煙蒼〻
曉月天長地久芳華無昆其三

□元墓誌

高廣各二尺一寸二分
十八行行十八字正書

君諱元字趙買潞州上黨人也若乃究其原緒早銘勳典
金懸動韻賞有常班茂績滿耆舊之談節制逸古今之凡
難以備寫可略言焉　曾祖貴國圖肇建義烈元戎奮戰
揚旌翠華凶銷遺授朝散大夫酬節也　父洛下車輔政吏
靜人寧擢加廉能授殿中御史　君綠綺調性語默飲情
六行總脩一智獨舉文兼□質邁魯國之遺風學綜繼智
越漢南之獨步物濟匡時去貞觀元年兼授并州主簿功
而飛光西落流東逝風樹俄傾從陵遄及春秋五十有五
卒於私第　夫人暴氏青州甲族有德有□言告言歸貞操

言沈濯織息堪弱歲重道極温清於扇枕始□開卷盡愛
敬於嚴家鄉黨稱揚顯之名道俗鑒和光之□何期夢權
梁木風勁彫蘭過客難留眩靈幽壤粵以儀鳳二年歲次
丁丑十二月己八日丙申合葬於城西廿里平原禮也西
望烏陂旋波有舊浦之戀東瞻漳許閱川無故友之歡還
戢荒郊綿淪壙野恐物遷時□故刊而□

王才墓誌

高廣各一尺七寸七分
十七行行十七字正書

唐故王君墓誌銘　君諱才太原人也陳胡
之苗裔王莽之胄允中之後湞瓊枝弈葉德徹天朝鍾鼎
蟬聯傳芳萬代祖顯齊任徐州司馬雲麴吐秀日鏡揚輝
風偃搢紳道光雅俗父彥隋任并州户曹英神迥望蘊習
前恭炷燿朱門爕和天地君隋任濮州鄄城縣令飛烏巢

幕山魁自除人吏擧轅簪纓玉珮龍心驥骨鸞翼鳳毛外朗金仙内懷清潤忽以逝水難停流風易摶春秋卅有二儀鳳二年十二月七日卒於私第夫人張氏風儀挺特類神女而出松雲旣顧史以陳彤亦盟心而習禮靈芝九節忽被霜彫桂菓芳枝掩□風燭春秋七十有六永隆二年三月十七日終於家舘即以其年四月十日合葬于長子城西北五里平原禮也唯恐田成碧海谷變山移匠石鐫雕勒爲銘曰　昔承周美時贊漢朝封壃賜界受玉分茅珪璋令德冠蓋弥高傳芳不朽英賢早彫

賈文行墓誌

高廣各二尺四寸三十二行行二十二字正書

大唐故處士賈君之墓誌銘

君諱文行字欽賢平陽人也自電影上耀軒星下輝色辯

兩儀混兮元氣既錫土以賜姓寔誼公之派焉祖勳才綺
秀氷藻縟花鏡成文綴□二馬耆風述著華鮮兩班慭聽
職下量高齊任龍州江油縣令善温慈厲𢘉度未方屏盜
息姦西門詎擬父端隋任太僕令觀律呂於指掌納鍾管
於胷懷則五星以候四時法三辰而調寒暑故得陰陽順
序六氣不愆大庇蒼生弘濟黔首方圓中禮規矩可儀君
綺歲英奇翫琴書而暢道齠齔儁異好籍覧以申能年十
八隋吕爲太祝庶幾清慎居職有功動入壎梅言成准的
依仁遊藝非禮勿言作朝廷之楷摸爲鄉閭之軌範時當
隋末之際乃屬蕩析之辰遂尓隱遁墟壟樓遲巖石風月
悅志煙霞賞心豈謂琛璧藴於荊山明珠藏於漢浦何期
降年不永忽遇沉痾膏肓之疾未瘳風燭之期奄及春秋
七十有六殁於私第夫人北平田氏是恭婉淑三從之義

唐 賈文行

可遵惠質貞心四德々成合軌季八十有七奄從窀穸以
永淳元年八月十二日同窆於百羊城南一里爛石山西
之原禮也龜筮吉祥安其兆域惡山爲碣渚水變清豁故
勒斯文乃爲銘曰
瑶光貫彩硌瑞吉祥虹月流輝瑋膺顯彰德美清貞擬輔
忠良去周不仕至漢稱王汪汪玉貌沉質幽房濟濟紅顏
潛形穸堂金壘罷酌玉斝休嘗佳人□餜美室空觴

董冬墓誌

高廣各一尺九寸一分
十六行行十六字正書

唐故董君墓誌銘

君諱冬字慶冬隴西人董卓之後也九霄飛玉鑾於帝術
道澄三境飛仙駕於雲衢風格珵銑同琢英規菊蘭啓氏
布之緗史可以略言祖遷躰皀閑羆口多嶶鏵意比孤松

氣苞蘭桂齊任汾州長史父贇稽山擢擀漼水分姿幼挺
金柯賫翹英而拂日旌勤有道莘華莩而含暉効力王旗
此其人矣任上黨府主帥既而天地交泰日月貞明美薰風
於舜弦忘帝力於兗境幼懷貞敏長契松筠露蕣忽催掩
歸泉壤調露二年五月十八日終於家弟春秋卌有二粤
以永淳元年歲次壬午十月庚申朔廿六日乙未合塟董
村南三里之原礼也嗚呼哀哉乃為銘曰　韜光韡祿避
仕丘園岱巖鷩魄泉路埋魂勒斯翠石傳諸子孫其一

崔通墓誌

高廣各一尺七寸四分
十八行行十八字正書

□故公士驍騎尉崔君之銘文并序
□諱通字處徹乇留人也望隆宗祏緒裓武城□譽芳猷
略而言矣祖進閑居體命父璋晦迹遺生並秀葉三芝光

一七七 唐 董冬 崔通

含兩璧惟君驪泉鎣質鳳□□姿懷橋之年早標椎略屬以雲亭扈畢社□□□授君驍騎尉雈時運也既而塗窮在巳□□□日不歸運迫居肓還海之波遂往春秋□□□弁夫人申屠氏之長女儀貞月亮色艷□□□履義清言容雙麗何意鏡中鸞盡匣裏□□春秋卅六而逝矣可謂偕老有歸同穴斯□□子淳藝等想陟岵而崩心念循陔而號䚡□□永淳元年壬午之歲建亥之月廿六日乙面合葬於村東北二里之平原禮也宅茲膝地曆此玄堂悲纏薤露響切叢楊其銘曰

武城啓祑枝派乇留芳規有譽壯志無儔惟君□拔武略英通標切篆素式建芳猷其一道夫人□□月亮儀貞言容雙麗操履無清迴中龍盡□□□傾九泉扃兮永夜千載訣兮斯亭其二

孫德墓誌

高廣各二尺一寸二十四行行二十四字正書

唐故著作佐郎孫君墓誌銘并序

君諱德字道樂安人也粵若三國丈馳經霸吳而作主十篇□秘緯強楚而稱臣王軼流音地呂洽幽真之趣金聲肅韻天台表文翰之能周乃冠冕克傳才華代襲煥乎緗簡可略言歟祖舉齊太原郡守父章隨汝州□□令遊童有識咸控竹而遷風野瞿何知共馴翟而表化君□乾坤之秀氣韞星象之精靈昇孔父堂啓儒門而盡妙闢周公之牖履玄肆而窮微鳳藻開□鼓淩雲之逸氣龜文絢彩注□露之芳滋肇應弓旌俄登甲第豪授著作佐郎標令德也倡□秘篆麟閣幽經悠然寓目其如指掌詞人響赴若尋桃李之蹊才子星奔似入芝蘭之室以爲棲鳴遂嶺

漸𪓑化於青蒲豈期景謝崇陰遽遷神於玄壤嗚呼哀哉
春秋五十卒于私苐夫人連氏芳儀肅穆淑質凝閑既諧
鳴鳳之祥允叶乘龍之慶覽七篇而絜己榮輝母儀棒四
德而修身光華婦教固以福虧與善早亡所天鏡掩孤鸞
琴悽寡鶴從隣垂訓於孤之惠有方崩□□慟追往之心
無輟而朝光吸露夜壑遷舟桂魄空存蘭姿遂掩春秋八
十有一終於帷扆嗣子處沖仁深祀棘孝極滄荼思□卜
地之規或遵遷窆之軌以光宅元年十月六日合葬於屯
留縣西八泉村之南原禮也川陸縈映崗巒紛糺白楊悲
而寒風起青松暗兮愁雲積恐人代遷貿丘隴荒蕪爰勒
貞珪敢為銘曰　開吴遠葉翊楚標功千齡人傑萬古英
雄聲揚宇外德擅區中飄飄逸氣凜凜餘風其一超馳芸閣
棲息蓬山金徒催促玉漏循環蓮姿碎影桂質殂顏永言

同穴長謝人間其二　氣存流易霜露時侵松門風急蒿里
烟深亭〻神識昽〻靈心勒銘玄石永播清音其三

張濟墓誌

高二尺五寸六分廣二尺六寸二
分二十四行行二十四字正書

唐故洺州肥鄉縣令張公墓誌銘　若夫含五靈者
鳴□迴翔金穴之山蘊雲雨者神乳瓔屈玉泉之水騰輝
閬苑不為抵鵲之識秀氣斗牛不被割雞之屈婆娑𢈾梓
放曠百齡者其惟我張公乎君諱濟字斡南陽白水人也受
黃軒之靈泒激[illegible]浪於天津稟晉輔之英蕃折瓊芳於月
樹犂通黃石留侯為赤帝之師識辯紫雲司空任化龍之
相昭彰史籀爍可詳矣祖仁風神肅奕志度恢弘周任相
州安陽令父昇英風謨略為領袖於搢紳詞藻縱横獨逸
羣于朝野授丞議郎滑州酸棗縣丞公孝友基身文華藻

唐　張濟

性偏攻語默之鏡機微晦迹隨時諭王君之知理亂觀風聆
樂若季子之鑒存亡豈如魯酒不施稱生方逝漢臣懷忌
踈廣言歸公遂隱耀驪泉韜奇鳳穴全真竄北遁影牆東
既而五星入井秦亡而漢興日月重明殷滅而周熾　聖唐載張乾
極重紉坤維公晚弃商辛似箕子之歸鎬早投光武若伊
尹之弃湯授爵國府朝散大夫檢校行臺東公既奉義旗辞不
獲免騫鳳野載定龍川洎乎戎衣大定之秋裒賞箭功望公
乃私歸鑿畢志丘園四皓難追獨縱南山之樂介推避賞徒
旌綿上之田辟命頻加竟不奉詔版授慶州華池縣令公溫
潤自持顯晦雙得西園月上雕龍之友雲飛東閣春開鶴蓋之賓
霧集允明釋典洞曉諸墳弱冠之秋合豪於風雅知命之
歲窮入於真如春秋八十三卒于私第夫人賈氏輔仁於君子終嬪
於夜臺粤以唐垂拱九年歲次乙酉十月癸酉朔十二日甲申合葬長子城北

二千壹平原禮也恐陵谷遷移泉扃紀德其詞曰
白水之精帝軒之脩作天之柱為地之鎮留侯佐漢司空
輔晉暉煥珪璋蟬聯符印其一歲窮龍晦城毀鵲飛牆東遁
影竇北潛暉俄沈白日永閟泉扉百齡君子千月何之其二

田玄善妻張氏墓誌

高廣各一尺八寸四分
十六行行十六字正書

唐故田玄善妻張氏夫人墓誌銘
田氏之妻張氏第二女也夫人諱起字行潞州上黨人也
夫人戴德有輝嘉聲遠被仙儀肅穆美譽遐彰耀□松
姿偎蒿丘而並峻孕懷金寶涵□德以凝神出適高門作
嬪君子播□儀於姻屬貽婦德於閨涯秀木招風□夫早
逝遂乃歸宗三寶迹屏六塵□折骨於片言之捐軀於半
偈於是十明十智豁尒神開三藏三乘一聞領悟以空惠

而摧六賊永超三界之羅用戒定而伏四魔長出六天之
外春秋六十有三垂拱二年十月四日卒於私第其年其
月廿三日殯於州城東五里烏乎哀哉且□倏而逾遠何
今古之更作年代俄而變□□□芳於金石後令譽之空
傳其詞曰
□□□深闗疑盲不染有爲廣窮至理

程丞墓誌

高廣各三尺一寸五分二十五行行二十五字行書

大唐故鄉長程君墓誌銘 幷序

粤[redacted]唐郊演覬五靈啓瑞削葉錫珪翼宗九丘晉后甯程
鄭之礼德賤昇中漢帝資休伯之徽化覃有截弈葉宗枋
之貴累代卿相之尊抑惟公之門矣 公諱丞字祧廣平
郡人昔祖上黨太守子孫因而卜居今爲屯留人也曾祖

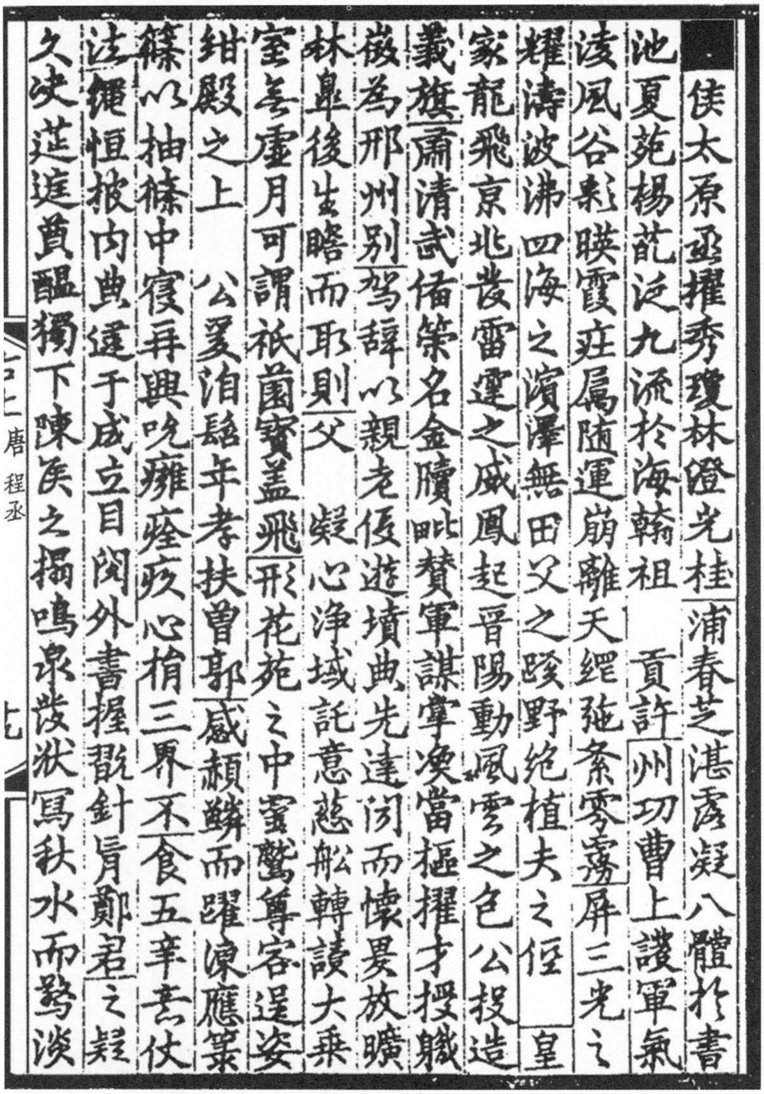

侯太原丞擢秀瓊林登光桂浦春芝湛露凝八體於書
池夏苑楊葩泛九流於海翰祖　貢許州功曹上護軍氣
凌風谷彩暎霞𤬪屬隨運崩離天絕綖紊零霧屏三光之
耀濤波沸四海之濱澤無田父之蹊野絶植夫之徑　皇
家龍飛京兆发雷霆之威鳳起晉陽動風雲之色公投造
義旗肅清武衞策名金牘毗贊軍謀掌渙當樞擢才授職
嶽為邢州別駕辭以親老優遊墳典先達閑而懷畏放曠
林臯後生瞻而取則父　凝心淨域託意慈船轉讀大乘
室善壷月可謂祇薗寶蓋飛形花苑之中靈鷲尊容遲姿
紺殿之上　公爰治齠年孝扶曾郭感賴鱗而躍溴應菓
篠以抽篠中寢再興吮癰痊疚心梢三界不食五辛寺仗
注纏恒披內典遂于成立目閱外書握翫針肓鄭君之疑
久决莚筵貫醞獨下陳侯之搨鳴泉洪狀寫秋水而鶩淡

義寔騰埃湛春雲而吐奥任鄉長數年氷鏡自居貞心潔
路求廣恤隱境蹕迎紛字捨有方俗致来晩不謂微霜早
墜先彫特秀之花嚴風暫扇遂折翹林之幹天道無徴哲
人斯逝以垂拱二年三月卒于里宅春秋卌有一夫人苗
公之女礼備六珈珮玉之音有節姆儀四德聽雞之響不
虧垂拱四年十一月　日合葬于村西原之礼也西苞翠
嶽瑝瓘徘於雲峯東迩縈泉清波霣於暘谷北連三総南
俯汙池勒兹貞礎永誌幽扃其詞曰
郭嵩始寔湛露方晞擿㦲南服桂冤東扉樊枯析芰蘩衰
窮攀嗚嗚謹赤極轄志何依其一

郭本墓誌

高廣各一尺八寸八分
十七行行十七字正書

唐故郭君墓誌之銘并序

君諱本字彦基太原人也自鸑響周岐踈隔封而錫士駿
歸燕室築碣館以分疆曾祖　儒齊并府剌史祖益隨孝
義令並揚扇清人揮琴撫俗啓朱鵠之舊化變筠驥之新
風君育志煙霞怡神泉石鑑驪河而捐官曬鵠□而辞榮
論文德異揚曹叙儒功深馬鄭豈其天道不□四時為代
謝之期人事遄常百年成生死之□夫人王氏等嬪則承
箴包六□而為著母儀稟訓援四德以裁規豈知南□蕪
城委佳人於幽石北山荒隴壓列女於窮塵嗣子威等擁
鑣追養負米尋忠即以垂拱四年十一月十七日祔窆於臺
關城南十五里平原也鷄山帶野登頂萬重龍岫襟天蔽
虧千丈異玄石於夜臺刊貞文於幽壤其詞曰
西周命氏東國妃倫惟祖惟父桂郁蘭芬□生杞梓代殖
松筠如何彼天殲我良人

偽周

陳平墓誌

高廣各二尺三寸二十行行二十一字正書

唐故忻州司户叅軍事陳君墓誌銘并序

君諱平字行滿潞州壺關人也昔業昌敵仲表魏第之家風道顯太丘聚德○於霄漢靜爲時望其在玆乎曾祖喜周任虞州安邑令後任徐州長史漳濆俊乂晉甸英髦楊製錦之清風賛騫帷之夷化祖俊隨任壺關縣中正清幹居時貞明植性同晝遊之盛列淂惟桑之必㤗父才王志林泉蔵珎衡秘不顧丘園之石直取烟霞之姿君稟氣温柔承芳蘭菊聳嵇松而拂景湛黄水以浮而釋褐任昌平尉政博昌尉真陽丞忻州司户既而衣移䫉服翼百里於昌平聲振聞而佐六條於忻部捋以位府舟楫用迯壚梅豈

知風樹難停隙駒遄注以咸亨三年十𠥱十八𡆠卒於公
館春秋六十有九夫人樂氏南陽人也父鄉三品雅州刺
史永昌元年十𠥱卅𡆠奄從物化春秋六十四即以肅壐
元年歲次己丑臈𠥱己酉朔一𡆠己酉合葬於州城東二
里之原禮也呼哀哉鏡中鸞從匣裏龍飛返白羽於墳前
集玄禽於隴際良辰將遍理合制儀佳城既開須標盛德
銘曰
爻象標盛〇匠表德簪組連暉仁賢流則秦鏡停粧衛芊
休駕羅帳既寂書帷復暇馬白聲驚烏青兆成慘塋前之𠥱
亮苦松裏之風清

王裕墓誌

高廣各一尺八寸三分
十六行行十六字行書王裕

大周故前魏州錄事參軍王公之銘

唐 陳平　僞周 王裕

粤若大象開圖肇鴻名於姬氏派言纘聖導去派於沂川
豹文騰彩應編珠而演貺
君諱𥡴字士寬并郡太原人也輔魏則七葉貂蟬佐晉則三
台列位　祖業魏穎州司馬父儒隋并州晉陽縣令並
蘋風逾響桂蘤聯芘雙虬蜿而欲飛二驥疲而待□惟君
性行忠謹誠鄧禹之爲仁踈散襟神逾孔融之高尚□以
芝蕙比性水鏡方心射策蘭臺甲科高第特穎魏州錄事
春秋卅有二告疊于里第即以永徽二年辛亥之歲建巳
之㊄八㊀并長男惪次子開溪濟窆於長子縣城西北十里
之原禮也左瞰右瞻嵒邑後崗式遵故事乃爲銘曰
公之令範茂實嘉猷未登卿位𡨋於林優佳城鬱之松檟
凰之息爲一閟萬古千秋
王明墓誌

高廣各二尺四寸八分二十一行行二十一字正書

大周故王府君墓誌銘并序

君諱明字鳳奕潞州壺關人蓋黄帝之遺芳王鍾之徜緒
五侯拜爵鼎足光於漢朝八座分珪台鉉隆於秦代或楊
麾靜乱將軍奮百戰之威或制禮經邦儒默揔九流之術
既而名彰西蜀擒絢藻於璐雞道邁東吴掞登樓之逸思
亟若芝房蘭宜挹蓡穆以傳芳王匣金籯擅英名而播美
騰金軼古之妙其唯王府君者乎軒冕繼於周篇簪組傳
於漢策　祖揑洮州刺史　父宰隨任新豐縣令並揚輝
紫陌殆蓋黄圖流雅譽於青編箸芳猷於翠簡　君瓚川
吐液璐嶠凝精臨驛岸而驚濤瀉言河而激懸瓌姿朗潤
佩○釰以含章逸氣霜飛挺蓮鋒而泛彩然則錙銖軒冕
詵衡泌以棲遅玄歷駘蹕坐桃蹊而縱賞坐謂高春落景

舟壑潛移生也有涯摧梁忽墍春秋八十有二卒於私第
夫人李氏令狐氏並以早喪川娥久空鸞鏡行雲變質雄
劒長淪鶴穴斯幽當歸執𡆠以大周𠀑𢑱二𠡦歲次辛卯
九𠥱十八𡆠合葬於内村西三里之原禮也太行南峙出
雲路以不空熊耳北臨入〇躔而黷色東矑麦岫曲瞰漳
流恐陵谷貿遷勒兹泉户其詞曰　軒黄緖冑帝嬀遥緒
振響汾川飛聲洛浦莫髭秀出克光前矩志列冰霜才兼
文武其逝川東注落𡆠西頹悲纏七𡆠掩奠而楹林㧝杷
梓

□堯墓誌 高二尺五寸四分廣二尺六分二十一行行二十字行書

大周故潞州□府君墓誌之銘并序

盖聞洛浦潛輝□存□斗之氣零珠未剖□□與□之光

必乃異物休徵發陰陽而祥化長淮南寫㐫□北浪之郊
贊曜□□□澄波而嶷粹
君諱堯字主劉徐州太山人也宣以避地□匪遂即居上
薰回云玉壞玉樹榮於本枝碩南畢於至波望北辰而發
号漢景帝徵爲丞相又徵爲中大夫封上黨君屯留侯曾
祖顔品量四海用爲司徒公祖懿封建節尉父劉　皇朝
奉　制豁泗淄等七州刺令司馬以[illegible]□忽之際幽冥遂
□寤寐之冒殄流遘疾梁木斯壞懿人其□亡伏九十乃
一以而猶二年季三𠥱辛於館舍仰墓兩掩奄然長往即
以其年歲次辛卯十𠥱戊戌朔卄七𡆠丁卯合葬於村北園
內二里平原禮也夫人申屠氏代州鴈門人也疑〇上𠥱
言□女之六來六行聿脩四德兼備
但以窆穸厚夜移窆泉扃占卜全官無過此勝又逃山谷

遷改月寺磨滅勒文此石永固不朽其詞曰

六德〇往小乘归遠始悲於鶴終棲跳木白(乙)上蹈玄烏

下卜朝饌養館善依窮叢其一自黄为死人誰不終鎖庭貽

闕鬲德傳風梁山或朽滄海時空殲亦良　仕簫琵悲風

其二

處士申屠寶墓誌

■高廣各一尺九寸八分
十七行行十七字行書

大周故處士申屠君墓誌并銘

君諱寶名達隴西金城人也漢丞相嘉之後因官至此遂

居斯邑　祖歡漢同三司　父士朝散大夫公蘊端嚴之

姿懷毓粹之氣縱容下澤放曠高丘道遥林壑之間歎宮

煙霞之上曾祖輝易謝遊水晏停春秋七十有一薜滋之

年三(月)終于私第夫人李氏令淑外融温恭內湛豈金烏

不騂彩電难留乘卅五咸亨三年正月卒於内閤弟三子
宗慶秀蕡秋前另從異代以而毓三年歲次壬辰壬月戊
辰朔十七日甲申合葬於澠城縣西北二里之高原禮也
恐山海有變刊紀泉幽
逸光挺傑鑣著英豪千秋載列万代芳謠言行無玷德音
孔昭琴樽逸趣風月遺逸兆□兆吏無逸若搖居路中道
流淳變淩
郭門一送□路千秋行行日參霧之雲然何以紀德播之
清猷何以紀事刻之泉幽

申居義墓誌

高廣各二尺三寸二
十行行二十字正書

大周故飛騎尉申居府君墓誌銘并序
君諱義字德若夫姜氏疏宗彝蕃振三光之彩申伯演族

本枝騰七曜之輝故匡周摽十乱之功佐漢興三傑之績
可謂金城茂實纓紱無虧屠山英聲弓冶不替是以因官
遷邑令為上黨人也　曾祖昌齊任寍遠将軍弓開夜(丙)
倚長劍以曜而刁若丹霞聳高旗而拂(乙)　祖樂随任相
州臨黄縣承澄心學海棲志文場故得贓贊銅章任匡壘
綬君幼挺英髦早摽奇嶷龍圖鳳紀彗暎於遂山万巷五
車昭彰於雲閣仍以意乿七德演三势而進謀心韞九切
縱五兵而申討唐禄飛騎尉　制加公士嘗謂瑁川東注
俄餕踰於山盈白(乙)西沈奄銷䰟於泉户春秋七十有七
如意元季秋八(丙)十(一)告盡於私室即以其季壬辰之歳
建戈之(丙)十八(乙)遷神拯窆於州西北一十里平原禮也
嗣子神範覧篤終之論痛結旻而撫迟遠之言哀纏霜露
覩金石之無變恐陵谷之有遷式刊芳躅用紀幽埏其詞

曰　姜邑督族高陽樹祀避難依屠西遊彰水東瞻凝谷
風操冶子騰芳方古垂名千紀其一落落閑居飄飄絶俗如
何高士奄從風燭石槨草形琴鏁鳳曲窀窆幽隴永埋芳
躅其二

崔言墓誌

高廣各二尺九寸五分二十二行行二十二字行書

大周故公士崔府君墓誌銘并序
君諱言字思玄潞州屯留人也原夫堯山纂極飛劍屢著
珠連晉水開元佩銀黄者肆暎冠三台而首出黨盛簪曹
邑十亂而先鳴功齊諸陸爵繁褚而體亞可略而言者焉
曾祖永隨邢州司户參軍以爲濟物能官爲遷著任佐祖
羅齊縣功曹並入毗百揆流美言於兩京出佐六條被仁
風於千里或爲纓褸閑或端笏承明職居文武任兼内外

卷上　僞周　崔言

既曳履於西省亦託乘於東朝久悵王佐之才終負帝師
之畧君在物挺生　爲代出器而沈毅風儀峻立立
德有質有文寒暑不易其心盛衰罔改其操自家形國必
遊禮義之場洋已及人不窺名利之境方當陪七萃於社
首仍六璽於總章何其一丸之藥罕逢二豎之災遄及降
年不永倏謝明時善善無徵長玲厚瑩鍾山璧碎合浦珠
沈高臺曲池追昔遊而難再清風朗月撫今事而易傷春
秋七十有一長壽臘月十二日遘疾終於館舍粤以其年
歲次甲午四月甲寅朔八日辛酉内葬於縣城東南廿里
平原禮也鳳川東指鳩嶠西臨南望廣□北依曲渚嗣子
玄及妣誄東折痛貫南陵敬勒貞珉以揚至德乃爲詞曰
三台佐魏七萃强周兩漢卿相三晉諸侯珠連璧映今古儔
猷其一東箭濬源西烏促曜殲我良人嗚乎哀悼書榭□論

琴臺絶調二其兮哉奇哭惟玉惟珍替裾脫落搞寫荒墳萬
亭晦景寒松挂雲陵谷易變以紀芳塵三其

牛高墓誌

高二尺四寸八分廣二尺四寸六分二十三行行二十三字行書

周故上柱國牛府君墓誌銘

君諱高字新舉隴西〻貴族秦㙑戴州刺史曰官播遷令
爲上黨潞城人也魏司徒公金之後也長源括㙑與肆瀆
而俱深崇基隱而共伍嶽而齊峻祖鳳郡功曹父願縣忠
壬並万頃𤃭瀾不獨推於黃子伍行昭矚章専賛於應生
寔亦望重壹時万夫之傑也君阡里之姿而縱㙑端〻性
自然但以季甫谿亂隨運道鎖志學未登群雄逐鹿負
戈摯羽勇擊㙑韓授募從征覇俘馘遞蒙徵上柱國是
以眠心叅寶恒念大乘爐炷名香陸齋不絶致使琬琰鮮

荳埋輝於凡礫君歎南陔之有作禽鳥猶知慨蓺義〻感
思安覩是貴及風樹不■矜癒深創臣伍備之孝奉以周
旋叁秊〻哀無忌泣血既□終於浚齒遂隱几以窮秊以
長壽貳秊玖月貳拾肆日遇疾弥留奄捐館舍春秋陸拾
有伍其夫人扶風馬氏聖城人也而姿淋慎自性幽閑為
君子之好仇成家道之壬位齊眉致賓敬之恭斷肆弘貽
訓坐則詛謂與善無徵遠先朝露以永淳元秊貳月貳拾
捌日寢疾終於家第青秋伍拾有玖即以萬歲通而元歲
次景申壬月己亥朔拾日己酉合葬於潞城縣北肆拾里
暵山之原禮也其墓卻重坐嶺前曉鶯寺〻巖左接壹帶
之河右隣馬業之万峙匪直川田块圠之復人物蟄荳嗣
子元軌名徹名牆等痛過逢之薨悶悲陟屺〻無見樹琴
石於泉扃慮桑田之有變　迺為銘曰

未終遐壽俄歸大夜哀飈晨致　霥輻曉駕悼光陰
之不留嗟哲人止永謝雖陵谷之　易遷庶徽猷之
難絶

常舉墓誌

高廣各一尺九寸八分
十六行行十六字正書

大周故處士常君墓誌之銘
君諱舉字蓋德乇留人也遠祖楊公之後祖江齊任相州
司戶參軍　父貴任輕車都尉昔黃龍啓圖命族因於玟
爲玄珪錫瑞祚土基於萬國威秦跨趙檀美於常山藉甚
陵吳珪璋於井絡惟祖惟父衣冠不墜乃文乃武實謂兼
資并葉重柯縉紳無□惟公桂薨騰芳機神俊逸該綜強
仕忠信表於州閭孝敬之道光於當藝丞於秋㊈臨池春
花逸樹琴觴自翫僚友相趍故得姓於丘園乃忘言於纓

完歎川不息閲水難追令以乖玖拾叁蒙稄德州縣令以
萬歲通乔元乖薨於私第惟夫人張楊戴族並以乖登耳
順早巳肆霞質操姬姜先從窀穸遂合葬於乇留驛北壹
里之平原禮也其詞曰美哉洪緒大鳳霞慶□源長茂昌釋孤睽緇組斯邮

□義墓誌

高二尺零七分廣二尺零四分十九行行十九字正書

大周故文林郎□君墓誌銘并序

君諱義字福上黨人也帝嚳之胄□□□□□□□此邑遂
乃居馬夫宗子開基釐裔峯之□□□□入相妖至業之
洪規曾祖郎隨任上黨郡□□□倫騎都尉君以良弓纂
嗣餘绪承基礬派文□□中聲緩仁倫之表克懃於礼義
之書銘胃於惟□之誥稽君文林郎加以孝謹高舉郷黨
重其風猷廉懋有稱英悊欽其軌躅面山對水賞翫留情

喜卐甚春心期自放遂優遊琴酒之内放曠於棲神之所
絶心仕宦留意怡𠡦期以出世之遊將構無稱之域不謂
災隨服至娀遂□生鏡裏愧消輪前影滅以萬歲通而戴
𠡦肆卐拾囸終於私室春秋七十以其𠡦歲次丁酉肆卐
景寅朔廿囸乙酉葬城西南肆里平原禮也嗣子守琺等
並居卷識禮目逝傷魂恐埊變桑田𠡦深字滅紀佳城之
麗宅斵琬石之書銘乃爲銘曰　帝系開基康封流追冠
冕牛興簪纓遞進慶自根長名猶德潤歷代流譽移君識
信一其二之嗣也克隆前代忠謹揚名孝慈生愛人深利貞
行同歸妹身殞百𠡦揚於万禀

姬素墓誌

高一尺七寸五分廣一尺七寸
八分十六行行十五字正書

周故府君墓誌之銘

君諱素軒帝之苗裔姬王之後曾祖留隨任廣州錄事
祖虎隨任徐州司法考瑋唐穉朝散大夫並思逸麟經精
超豹畧操刀就列利器從班暢東里之威恩奮西門之風
彩公緐德中和資靈上善霜華凜性氣掩秋輝露彩凝情
神光春艷詞林慈情絢楊鳳於文條業海深沈淺董蛟於
辯窟然志輕軒冕性重林也泉風亟相趁琴樽自得豈謂
服祆斯漸堅疊逾很以壁脣二季二亟十六乙卒於私弟
春秋八十有一其季三亟十七㊀塟於村西北一里平原
礼也嗣子□静痛貫風枝悲纏露序思逕峯亘躍□□□
兆庶勒遺芳乃為銘⊙鷲岫西□□□□鏡仁敷動植道
□翔詠
馮名墓誌

高廣各二尺二寸八分二
十二行行二十二字正書

大周上黨郡馮君墓誌銘并序
□諱名字孝德新平郡王也馮翊之苗曹馮亭之□□□
先君鄉諸帝室相承冠冕積代功悳固守斯蕃因茲□□
祖略齊任上黨郡守父進隋任并州神農縣令君名唐朝
任障源府校尉志節英豪權謀勇智赤心安上竭力事親
弘毅當官三軍將帥迴眸曜乙噴氣□雲條劍流○東詩
九種弓孤盡匝北掃胡塵績著縑緗功摽勒石春秋卅有
九而薨矣夫人李氏徽柔淑性體質貞專四德兼儀三從
合神時年七十有三而終矣元子敬玄陪戎校尉博明諸
史廣達群經藝悠三端高隆四術時年卅三卒矣夫人陳
氏少子敬惠陪戎尉外通六籍內曉三乘言作□儀動□
規矩不謂金風條烈玉樹彫殘俄貶蕙蘭後摧良木春秋
六十有二而不祿也粤以大周久視元年歲臨庚子建亥

之西壬申之辰合埏□雁城西一里平原禮也東眺城鄉
西樓長崗南望紫雲兼臨珺水巧而傾西北圻□要移㘸
鈌東南山崩海竭故勒斯石立記千齡其詞曰　權謀雄
桀剛毅嚴溫赤心佐國竭力事親中節安上跨將三軍亨
孤寫西躍馬風雲驅兵電擊叱吒雷奔東清九種北滅胡
塵其一耗頹頣鬟衰齒斂犀類雲鬟下盡西眉低三泥勿奕
四德兼齊時歌節婦世号貞妻其二惟昆與季多□悼識亡
舌胎肬邦君羽翊命有短長隋遭□極馬□永代不如□
即其三嗚呼哀哉寒暑遞來措乎金□餓變塵灰

李買墓誌

高廣各二尺一寸二分
十九行行十九字正書

周故上騎都尉李君之墓誌銘并序
君諱　買字足隴西人也李嵩之洪消因官遂居此邑焉

昔斜縣矣謀白雲布族伯陽論道紫氣垂光漢代良家李
廣高於六郡泰逐素貴李良勇於一時仁物繁□其来遠
矣曾祖　顯任揚州太守祖　伽任晉州録事並德越琭
○集□□於玉緯繩懲紇謬□美化於百城訓俗字王不
□□於一物父　長志列反松心悵鼐鏡好文好武□策進
謀主上擢以劬勞襛上詩都望何其嚴[illegible]早降□秀先彫
奄及忠良歸於泉壤以文昭元秊□□[illegible]伻於私第春秋
五拾有三夫王賈大夫之女以聖曆元秊八𠥱十四𡆠終
于家宅春秋仐有五粵以久視元秊歲次庚子十一𠥱乙
亥朔八𡆠壬午合葬于乇畱鄉西卌里之原禮也其塋右
連綿崇下窮谷之□泉左俠康莊控万乘而来佳前臨濫
沼滔□浪之滔〻後背嵩山勒林風之肅〻仍恐桑田有
變陵谷推遷刊石鐫題乃為頌曰　其

□跡貽祥握文集彥公侯開起簪紱文暎縈緒逾隆音徽
殄莬濟時舟檝擊玉璪鏡 其二

劉公綽墓誌

高廣各二尺零五分二十六行行
二十六字末行字數不等正書

唐故右衛從善府校尉上柱國劉君墓誌銘

君諱公綽上黨壺關至昔者夏鼎猶重爰□□龍之職秦
鏡將亡更啓斬蚰之運雄才碩量西京之盛業迺昌爲善
冣樂東平之美蜀方遠賢俊繼軌王物駕肩不朽之德於
此爲貴　祖雅君子之道政事之材割錦之術克明佩弦
之位俄陟隨并州太原縣令　父仵經行雙美識用兩高
岳栖鳳之殊姿翊翔鸞之善政隨洺州武安主簿君門襲
餘慶家傳懿德崔季珪之詞藻表在童年黃琳度之聲望
隆乎幼齒粤自綺紈至于弱冠進德修業兼馬於是不知

穀詩悅禮成麟由其表譽翰林孤秀栖夢鳥於詞條武庫
宏開啼玄猨於嬌美屬以九夷不靖五部忽驚蟣結青丘
之隅鯨奔滄海之浦而 皇赫斯怒爰嶶俠窟之雄君耆
不顧身即赴疆場之急故能申許歷之辯逵郲弥之輪攄
鴨水而沈沙登兔城而扶讖南蘇壘下面縛之虜自来細
柃營中力戰之功肅表積上柱國君妙遠兵禁窯閑秘榮
九攻之算無失百勝之體必明坐作進退之規若指于掌
虛實老壯之變一貫于心所以屈於八校之名亞於千夫
之長轉右衛從善府校尉勳官如故君披心奉 國瀝膽
事主入紫禁而嚴更爪牙已効巡 玉墀而警夜勤力備
翰方去職於豹韜麼懸車乎鶴髮遂逦閒野徑闢山莊青
璧萬尋藪戲日月丹崖百丈含吐煙雲追卧疾之劉楨即
鄰鳳浦命遊仙之郊孟鉼指犢山斟桂酒而相歡鳥絃

而成興於是拊掌而言曰丈夫懷一□之心將七尺之命
裹粮坐甲少壯為掃難之惡　至主之恩已□矣焚枯酌
醴祖奠□出塵之容形骸之樂已申矣但惜春蘭秋菊芬
馥未□明月清風光陰俄謝霞外之情方得而上之徒忽
来惜哉先宅充奉遣子之月卒于家春秋六十六　大周
久視元年十一月八日葬于村西三里之原禮也嗣子左
金吾衛□□□遠階戎校尉仁景仁畬等恨切遺書哀纏
故□□□雖丘封之已表恐陵谷之有遷下泐

張師墓誌

高廣各一尺四十五分
十五行行十五字正書

唐故處士張君墓誌銘
君諱師字藥上富平也祖儒襄城令父良朝散大赤豈彝
鳳嘉榮攀鱗頤職君早承芳訓少懷聰敏未登觀國之光

遙見為郎之召秊廿有八鮮德光秊終息太忠幼頃廷陰
周遊海內絀以傍榫漸以微班大周長安秊蒙穢陪戎校
尉雖階尺木倏滌膏肓長安三秊七月廿四日春秋卌卒
於私第忠母晉氏為早亡所而少養孤幼舅奪其志再改
孫門雖重誕於韋珠遷沈輝於巫岫秊卌二以為忠之所
生孝心無絕孫君以入道門夫至願從冥養並以其秊歲
次癸卯八月一日合窆於州西南二里之原禮也嗚呼哀
哉

山右冢墓遺文卷上

唐　張師

山右冢墓遺文卷下

上虞 羅 振玉 校錄

唐

申屠行墓誌

高二尺一寸五分廣二尺二寸
二十二行行二十二字行書

唐故潞州潞城縣申屠君墓誌□□序

君諱行字表金城人也因官宅此土今爲縣人焉原夫五
車□曜紀天冊於舟鶚九野分司凝地官於玄鵠道府餘
慶登鳳閣以忝榮精洽遺祥陟龍門而驤首青編嗣美紬
簡連暉玉粹金昭可略言矣　曾祖和鴈門郡太守奉饋約
狼山控長城之万里宣威蠼穴讋紫塞之千重故得猜約
歸仁薫胡草響　祖徧朝散大夫別　勑授本州刺史甯
煇入牖螢姬興五袴之謡□曉趍疇田隽茂兩岐之詠　父

倬朝散大夫英精縣日鹹節陵秋兩實雙全一熹獨槷
君量苞山水罟韞冲和千呂倅□桂之條百丈越嵇松之
幹陸鴻斯漸有志晑南　勅授騎尉非其望也瑶貞銑鑑
遠邁昔人石折蘭摧獨傷玆日春秋七十有二遘疾於於
私第夫人崔氏大夫豹之猶子也馮輝洛嫣擢質江姝□
娣姒之司南為母儀之嬪則桂霄輪魄魄仙娥之影不追雲□
沉英神媛之儀還謝粤以景龍三年歲次己酉十二月癸□
朔二日甲申合葬於潞城縣西南一十五里平原禮也左
連王嶠祥雲乇紫蓋〻峯右接清漳瑞鮪戲璟潭之浪前
瞰神羊之岫五龍通烏道之川却眺仙母之峯雙鳳響鷄
辯之谷嗣子玄奭等哀纏蓼莪氣殞茹痛感墜露以崩心
踐霜而泣血勒翠琰於荒埏庶傳徽於地邑其詞曰　舟風
表瑞玄鷰來遊璮宥不墜遺馥璣球其一　清涼千里長

河一曲晉野蹟基秦川共屬其二

任愛墓誌

高廣各一尺八寸三分十六行
行十七至二十字不等行書

大唐故翊衛任君墓誌銘并序

詳夫犧軒搆掇龜瑞騰芳掌握所以擒宗継體由其列氏
侯分西漢望建西河即其後也君諱愛字友仁汾州隰城
人也父恭驃騎大將軍臨濟縣開國男英聲一代封襲千
年階籍紱冠位參龍翊望昇鴻漸希陟鸞遷豈期梁委和
松山摧玉春秋五十有三光宅元年十一月廿七日卒
於家弟前夫人陳氏後夫人謝氏並德融婦礼夙預三從
慈幹母儀忽歸万化嗣子懷晉懷嗣並前翊衛兵部常選
哀深冬笋望絶南陵應仙鶴以頭墳感祥禽而助壤開元
六年歲次戊午十一月辛卯朔十二日壬寅合葬於汾州

唐 任愛

東北三十里平原礼也北望商山東觀汾泊有處桑田海
变故勒斯銘云尒
珪璋君子桃李佳人珠暎代玉露晞泉奈何盛德萬里沉
魂

處士衛節墓誌

高二尺零六分廣一尺九寸四分十六行行十七字正書

唐故處士衛君墓誌之銘并序

君諱節字師河東人也若稷之苗裔遠祖官於上黨子孫因
而家焉故爲屯留縣人也原夫青土開封擅榮班於麟史白
茅建國光厚秩於龜書事者緗紬可略焉祖儒蒲州河東縣
令考和隨門下大將軍後遷陟州安陽縣謀略同於青霍
鸞雉馴舞棄庭君乃握奇毛丹巖異骨連城價重照乘名
高又訪餘蔭爲徐王府親事授陪戎尉遇疾卒於私第夫人李氏閨

儀□□闈訃□𥪰遂從□□俄□蕣露以開元七年歲次己未十月𠀤朔
十八日壬申合葬於□□十里平原北也東瞻廣路□望寶塔北帶晉
城□□絳水嗣子辛貞絶漿叩地泣歸天慟風樹之難留□□
□何及思陵遷谷詠滄海成田奚紀德於□□□泉兮永固
乃爲銘曰康殊之苗君禎之裔荊璞同□□珠比麗令德□□名榮麗替
兮惟誕去不□□下
一君秀則□□

陶德墓誌

高二尺零三分廣二尺
十七行行十七字正書

啓故陶府君之誌銘
君諱惪字胡子丹陽人也曰官遷居遂爲潞城人焉　曾
祖惁齊襄城侯　祖崇隨幷州榆次縣令　父醜皇朝授
朝散大夫君幼挺天靈早承家叙壯志雄勇猛略虎賁揮
戈勇夷握節輔主參授上輕車都尉榮不代壽遘疾朝景

龍四年春秋卄有六卒於家弟夫人司徒氏行逸梁妻聲
高衛婦雖所天早卷抱節松筠忽屬月掩宵魂神騰逑魄
影昇霓羽氣逐朝雲開元八年九月十八日春秋卄有九終於夫
弟粤以其季歲次庚申十月乙丑朔十八日壬午合葬於州北卅里之
原礼也其地左迩玉泉右臨漳浦前瞻羊皂後望猪巖嗣
子思貞執性天倫志存三礼長悲慟灑血流矜恐谷變陵
遷勒石銘記其詞曰　七德神交五柳為宅北壙故土交
臺新客人遷物謝天傾地坼海變桑濵路移阡陌蒼蒼萬
禩青青松栢其一

賈明墓誌

高一尺八寸三分廣一尺八寸
五分十六行行十六字正書

唐故賈君墓誌銘
君諱明字智襄陵人也因宦居此古今為縣昔冠冕連暉

乃騰芳於　帝闕縉紳交暎楊盛德於朱閣曾祖　任齊
州刺史玆百里化舉仙鳬祖幹任相州司功廉身潔己夜
懼四知納是除非日惟三省父智皇朝上騎都尉氣質抗
直勇冠時先運雄略以超羣致亡軀而出衆君稟性温柔
天資厚德恩亮之情遙遠雅度之志踰深豈謂崤景西傾
俄終一代死生春秋卒奄夫人劉氏龍梭並沈桐栟無修蔡
筆通花斑書蕙問崩於故帳卌有九開元九年歲次辛酉四月丁
丑朔八日甲申合葬於上黨城北卌里平原禮也東隣玉嶠遙
連石毋之山西瞰漳濵迥接祥龍之岫思忠孝友情深恩
露重罷田成碧海木變蒼山刊石雕金述為銘曰

王達墓誌

高一尺六寸八分廣一尺七寸
一分十五行行十五字正書

故大唐王君墓誌銘并序

卷下　唐　賈明　王達

君諱達太原人也祖因官遂爲上黨人祖買志拔貞筠挺
生孫檄不將仕以爲美不異利而閏巳君恢雅操郁詞林
恒以風月伴心每基平生可重不謂桒榆日迫松栢俄凋
春秋五十一垂拱三年九月廿三日卒於私第夫人馮氏四
德早聞三周美稱五十巳於家苐先婚李氏德行齊義詩
禮俱兼以開元九年歲次辛酉十一月甲辰朔十七日庚申
合塋於於長子城東南平原禮也南臨漳水淼淼長流西
擴鳩峯峩峩天半嗣子信及思桒田爲海刋石記之銘曰
恢恢端拱才器高聳生平接袖自怡自寵今日弃奄萬代
荒隴

韓德墓誌

高廣各二尺四寸三分二
十三行行二十三字正書

唐故處士韓君墓誌銘并序君諱達字惟行上黨長子人也

自厓周道彧孤㯹宣子々戚蜅漢勲高獨賴淮陰出氣闕
雄語博遂掩温昌志直義宏不避曹植英奇間出逸器胡
仍祖生齊并州太谷縣主簿父枰隨本郡功曹並才均宗
玄藝苓韋金惟君弱冠㴱沉壯齡卓犖王霧沖之素業西
晋知名孔文举々淸規東京獲譽因心孝敬奉訓鯉庭至
性温和澄襟鷹序顛居田里何慙陳仲之驩未羨公卿雖
叶少遊之樂豈謂遽從朝露倏掩泉臺春秋七十有一卒
於私第夫人暴氏坤儀特峻陰則方遂降神巫嶺出中庭
質梅芳々内早嬪君子久度暄寒始見播於柏舟終恨鮮
於桃徑享年七十有七奄捐屏帳第二子與福第六子守忠
等光含謝玉色韞韋珠佇遷鶯谷已飛忽及鴒巢々禍翩
子智覽奉成等集蓼摧肝銜荼裂腮慎終追遠敬申白馬
之封瘞素枝丹恭翥焉之子以〻巽唐開元九年歲次辛

卷下 唐韓德 五

酉十一月甲辰朔廿九日壬申合葬於縣城西北五里平原禮也卜此名郊地惟形勝左隣抱犢随至列之曾棲右峙發鳩任仙娃之来去迢迢曠城吹慘白楊鬱鬱佳城雲愁翠柏其詞曰

后稷宣公周邦孕祀龍額佐貴鴻臚積美三鼎承榮九鍾韻理英靈開出卿相不已一其驪泉吐耀鳳穴開文唐郊積合忝野華分宇騰羊柱望出雞羣金柯玉葉縞霧忝雲二其惟君如珪惟君如璧何藝不就何□不歷三樂居心四愁屏跡蘭支方叙松丘俄適三其

申屠公墓誌

高廣各一尺五寸一分
十五行行十五字正書

唐故申屠府君墓誌之銘

君諱公字卿申屠備之後宿承鼎胄望烈通侯冠蓋代襲簪纓芳消光耀見在人已綸没宅早塋継子嗣伯卒蒙嘉

慶先娶常氏宿因薄福遂早亡春秋卅有三光宅九年十
月十八日卒於家苐次娶元氏並以貞媛■仙亡溢俗
耕房蘭室帳雅志於雲心擬紫篇成詎方■於昔調春秋
五十有七以開元十年八月□日沒於私室哀子山僧等
昊天罔極荼蓼難勝自滅無由苟存朝夕以開元十年歲
次壬戌九月巳巳朔十六日甲申遷奉於崇道村北百步
之原禮也東瞻王室西望漳濵南顧羊峯北憑人成万古
之芳猷表千齡之獨秀

卷下 唐申屠公 雍君

雍君墓誌

高一尺八寸一分廣一尺七寸
九分十四行行十四字正書

唐故雍君墓誌銘
君諱□張字與其先淮南雍齒之後因官而住斯爲鴻上
當郡乇留縣㘯今曾祖□　父諱元字倫春秋卅有五去久

視元年十一月八日忽染於風平於私亭夫人張氏南陽
郡人也　開元十一年四月乙未朔廿六日庚申合葬於
屯留縣東北二十七里平原禮也東臨雍水淼東流而浮山
洪水洒而不涘南臨陘水北望鄣山杞子雍道嶭嶭天回
抆泣血三年永為銘記
一入幽泉閑窺長眠昏昏默默無日見天其一

郭馮德墓誌

高二尺五寸廣二尺四寸七分二十行行二十字末二行字數不等行書

唐故右領軍衛八諫府隊副郭君墓誌銘并序

君諱馮德字客上黨人也其先自太原遠祖因官上黨子
孫遂為士人焉曾祖　祖[redacted]父有益德望不墜代業聯暉
君幼植生知弱齡韜智依仁履信藝性於任道之場砥行
安心得息於無為之境以耕鑿為樂東臉不能易其情誘

壽不忝榮辱不能動其惪德堪鎮俗才可濟時用之則行
高尚與秋霜並峻捨之則否逸趣與朗月齊懸勳以功宣
職因才授以天授二年六月授八諫府隊副不求榮達任
兮推移我擊我丘樂煙霞於朝夕或琴或酌賞山水以終
年以景龍元年三月寢疾卒于家春秋七十有七夫人韓
氏淩夫人王氏並芝蘭華德閨閫洲姿翼子有教宜作家
範神不祐善殲此貞良垂拱四年九月寢疾卒于家春秋
卅有九弟方天縱賢明自性孝天不保命早殀溫良以
開元七十月遘疾殁于家春秋卅有三嗣□恭哀深叩地
痛結昊天仰窀穸而未安占宅兆而□厝以開元十二年
歲次甲子十一月丁巳朔十六□□合葬于州城東南
廿五里原禮也勒銘幽壤□□□□□訶曰　邕和自然
徒爲人望雅志可重凡□□□□□□茲弦量赴九原而

求諱弃千秋而長喪

崔嚴墓誌

高廣各二尺三寸十
八行行十八字正書

唐故崔君墓誌銘并序

君　諱嚴清河人也遠祖從官上黨子孫因而家焉昔
漢朝有命難開七葉之榮韓國克昌印綬錫五侯之寵可
略言也　祖道隨本州縣令夫人李氏　父粦唐朝騎都
尉正直是則忠烈是聞毗屈節於公侯樂歸田於農圃
夫人一王氏一李氏並支芳八桂甚義九蘭向夜月以分
姿孰朝雲而絢質　姊洛唐朝文林郎詞行芳潤裹珠露
於春蕤剖折斤言盛金波於秋漢　夫人二並李氏婉婉
姊德灼灼穠華　弟洪福妻輔氏毅妻路氏並不終孝養
俱卒私第以開元十五年歲次丁卯十月己巳朔廿八日

丙申會葬於縣城西北卅里之原禮也左綿九達右椌瀘
川智水縈瞋逸其前靈剡吟空鎮其後弱子洪毅洪爽洪
太洪歲等毀瘠七日泣血三年杖而可行扶而後起恐陵
谷貿遷乃勒銘記其詞曰　哀纏薤露痛結松音何期雨
泐前後俱沈其二

郭仵墓誌

高二尺一寸三分廣二尺一寸
五分十七行行十七字正書

唐故郭君墓誌銘并序
君諱仵字　朗太原人也齊相寗戚之苗裔夏臣鄒之後
遂因祖官居焉遷為大都督府潞城縣人矣　祖仁板授
岳陽縣令銅章遂暝玉畫齊聚變俗在於絃歌宣風期於
蘭惠父其辭榮不仕虛自白居播禮讓於鄉邦緼賢良於
宇內君遵削洽賞翫琴書以自然物外逍遙覲林泉而寫

卷下 唐 崔嚴 郭仵

志忽以電光已往隟影頹流奄盡生平俄歸物化春秋五
十有六開元十七年七月終於私第嗣子道子哀纏風樹
思返哺之無期痛結悲楊報乳之恩永隔粵以其年十月
十六日癸酉祔葬於縣西廿里平原禮也左連王岫右接
漳濱前眺伞山後瞻鳳岳將恐山乘遷易光嶽寂寥刊石
鐫銘乃爲詞曰　晨曦從馭夜力遷舟蘭徑何寂蒿里何
幽山荒霧慘野晦雲愁靚塋域兮斯在庶魂靈兮安留

梁處士墓誌

高一尺九寸六分廣一尺九
寸二十行行二十字正書

唐故梁處士墓誌銘并序

夫鴻鑪構象雀冶凝精傳秀氣以爲人考最靈而紀物者
惟梁處士乎　君諱英字慈明金城人也遠祖芬官上
黨子孫因家焉今爲潞州大都督府長子人也自分土惟

三列爵惟五保命受氏我緒聯華道漢甸而馳名輔晉臺
而樞寵觀乎國史可略言乃　祖感隋宣遠將軍　父感
唐上騎都尉惟君驪泉蓄粹鳳穴韜英卻桂一枝和松千
丈敏而好學恭近於襃趨庭洽訓懷橘奉親幼而多奇長
而增秀加以糟粕今古脫略朴華說易象於重肴貴不如
賤悟真筌於一指彭已笑鵬豈謂逝水遄流藏山遽疾倏
乃物化徒嗟露晞春秋七十六遇疾終於私第二夫人王
氏並柔姿輝映陰德堅貞務巢從鳴鳩均愛家　之道
松蘿□彩垂惑之調隨唱俱亡春秋五十並遇疾辭於屏
帳嗣子思業孝扢絕漿哀纏負土嚴父臨終之日云男思
順不幸早亡吾死之後與吾同葬遂開元十七年歲次已
巳十一月丁亥朔廿三日庚□合葬縣城西北三里之原礼
也恐漳川浩瀁陵谷□移爰求勝文謹勒銘曰漳川曠望塢

嶺岑危墳霧黯松户泉深佳城鬱蓊拱木蕭森惟嗟淚栢
曉夕悲吟

李素墓誌

高二尺一寸一分廣二尺零八分十八行行十八字末行字數不等正書

唐故李府君墓誌銘并序

君諱素字仁隴西燉煌郡有周犛丼之苗曾大漢博陸之餘緒軒冕不輟今其後爲故今爲潞州大都督府長子縣人也　祖諱德隨朝散大夫守齊州刺史擢秀中朝試遊心於郡縣　父長卿含光道固實養性於巖泉唐舉孝廉肥遁不仕者　夫人常毋儀早著婦道遐聞娣姒師歎閨闈仰則惟　君聡容淋憤動靜規矩貞不絕俗隱不遠親優哉遊哉不求榮禄者悲夫天不慭遺殲我良淋春秋六十有二終於里第　夫人胡氏婦德無虧毋儀有裕大運

不駐龍劒俱況春秋七十有二開元四年二月一日終於
寝室注以擢殯荒郊都未安措嗣子崇礼德實生知孝曰
天性含酸茹泣負土成墳即以開元廿六年歲次戊寅正
月庚午朔十三日壬午合葬於桃湯村西南一里平高禮
也嗚呼天長地久星注霜来恐河岳變遷人代飄忽故刊
茲石篆爲詞曰君之生也盈而若冲君之没也息而非終□□
□兮冈極永崗卯□□窮

張起墓誌

高廣各二尺一寸二分
十七行行十七字行書

□□處士張君墓誌銘并序

君諱起字起其先代郡鴈門人也遠祖因官子孫家焉
君學業優贍才行高遠桂林一枝芬芳不歇瑕山片玉
表裏霊明 曾祖 祖英夫人郭並琴瑟共調松蘿等茂

卷下 唐 李素 張起

雖窆滅兮久而芳猷尚存　君孝友爲人鄉閭軌範春秋
七十有五終於私第夫人　侯氏婦道夙彰母儀多譽奮
被訓子舉樓遷夫年七十五卒於私室新婦楊惜彼已之
盛容遷沈埋於泉壤並以開元廿六年十一月十四日合
葬於襄垣縣南二里平原禮也東瞻隴岫乃峒户雲菡南
望漳河則龍门小急北隣襄邑西據韓川風煙於是交馳
花月以之成茂嗣子仁一法雲等瞻義乱目茹藜崩心痛
風樹之不停悲隟駟之已往恐岳移蓮岫海變桑田謹勒
斯文用旌不朽銘曰
松引劍枝草抽書帶銘石一封期於万代

范沼墓誌

高廣各一尺七寸八分十七行
行十七至二十字不等正書

唐故處士范府君及夫人王氏墓誌銘并序

君諱沼字礼上黨長子人也遠祖因官於此遂家焉原夫
禮樂相承衣冠遆襲昔時交結千里遵期今日豪華二漳
流譽　曾祖𢠵□任相州司士參軍汪汪儒雅濟濟英聲
祖諱者婆娑鄉閈放曠丘園　君版授本部邑宰壽等馮
唐遇資呂望位高百里化洽一同以天寶三年六月十九
日春秋八十六殁於私弟　夫人王族太原淄美曹氏傳
芳開元十六季十一月廷閑不年嗣子思賓慈親早亡已
泣血於三年嚴　父近亡更絶漿於七日瞻天靡訴叩地
無追以其年其月廿九日剋就吉辰合葬於張唐东村西
二百步平原礼也慈林东聳尖嶺西臨淦水南觀漳波北
望素牛𤢖朱䧺□哀慟汤お中川悲风慘於幽壤銘曰
百年促壽一生佳歎东注逝川西仰落景其一哀〻孝子廣
〻昊天崩心泣血千秋萬年其二

下　唐　范沼

苗君墓誌

高廣各一尺八寸七分十四行行十四字末行十五字正書

唐故苗君墓誌之銘幷序

夫以二氣肇分三才啓設乾坤萬像元始五行真妙難原輪迴無定人投祖 行宗商頡川惟 君稟岳奇精英雄擢方 夫人竇氏織錦之家又又 幹道毋雙胡氏華容並義淋善婉然 雲奄松壚神歸荒野時屬 天寶四載歲次乙酉十一月甲寅朔廿日癸酉合葬於八泉村西南二里平原之禮也東觀魏相西望秦京南眺□川北睹太郡卜其宅兆山地衆形勝也其男洪貞兄弟洪暕等不勝□□以詞曰天地不仁殞我慈親神歸泉路孤兔爲隣何期一別遂隔千春

王貞墓誌

高廣各一尺六寸六分　十六行行十七行正書

唐故上騎都尉王君之誌銘并叙

君諱貞字文咸太原人也遠祖鍾晋朝上黨太守子孫因
而家焉洎仙鶴蹁宗氷魚錫胤曾祖　德梁國子祭酒父
弼輕車都尉夫人李氏君天性忠貞自然寛猛慕班超之弃筆
習李廣之從戎功成見旌授騎都尉知我是非相清淨門
常不佩生心無爲出廿豈意藏舟□遠蘇鼠彫年以天寶
六載正月十六日終于家春秋七十有二夫人趙郡李氏四德
毋儀三從淑慎昔時桃李雖有色於華春今朝琴瑟已無
聲於長夜小子承賔紉而先亡同玆宅兆嗣子思宗次子
懐辟生事以禮死葬聿脩以天寶六載歲次丁亥二月丁
未朔卅日庚午合葬於上黨郡城西南廿里之原禮也盡
山東亘漳河北流雖年代而陵夷巽頌聲予不朽詞曰

其生若浮其死若休千秋萬歲列頂長楸

崔石墓誌

高廣各一尺三寸八分
十二行行十二字正書

唐故清河崔君之誌銘

君諱石清河人也曰官上黨封屯留侯自屐跡於開祥搆
極人之峻趾曾祖諱　褋祖諱　道父清貞不士樂守墟
園春秋六十有八終於私室以天寶七載歲次戊子八月
巳亥朔八日丙午葬於屯留縣東北卅里平原禮也東視
濁漳西觀清雜黃崖鎮其後淥水引其前勒石爲銘乃爲
詞曰　隰驅雖留逝波易迅山河不亡取此爲信

崔虞延墓誌

高廣各一尺九寸八分
十八行行十八字正書

唐故陪戎副尉崔府君墓誌□銘并序

君諱虔延字師其先清河東武城人也十二世祖渾晉懷
帝輔京將軍遷上黨太守乇留侯太公韜鈐伯夷典禮座
右垂誡閨門著儀光蔚圖牒範貽後世曾祖洪玘上柱國
祖稚公柱　國父行通輕車都尉並敦孝友重任俠四海
向風而慕德六因渴日而師矩君精通孔氏尚書左氏傳
郡舉孝廉而命不我來以門蔭授陪戎副尉謀孫翼子履
正居中不尚媚諌弥增誕放神豫氣壯天与永年以開元
廿四年正月廿日卒春秋六十九夫人趙郡李氏柔和淑
慎靜專雅直爲內外程準作隣里龜鏡以天寶九載十一月
十四日卒享齡七十有四子庭僎陪戎副尉〻踰卬莫逮
孰報劬勞恭營壽宮式表泉壤以天寶十載〻次辛卯三
月乙卯朔廿三日丙子葬於所居西北一百五十步原禮也
銘曰

卷下 唐 崔石 崔虔延 廿三

君之門子禮樂尊君之躬子道義存哀ゝ孝子號罔極
刊石表德依松門

大德禪師墓誌

高二尺二寸五分廣二尺零四分十七行行二十至廿五字不等蓋題威神寺故大德思道禪師墓誌均正書

威神寺故大德禪師墓誌

和上俗姓師諱思道絳州縣平原人也天縱其志七歲出家人推其聡十八剃髮事人不事為人不為同鵲巢于頂之年護淨囊無缺之日次就有德轉相師師禪行法門戒律經論耳目聞見紀之心會緇錫來求簪裾欽仰聽習者鶴林若市頂謁者鹿苑如雲去至德二載春秋八十有一僧夏六十一時催二鼠妖纏十夢其年十二月示身有疾隨為衆生其月二日禪河泯竭坐般涅槃驚慟知聞悲罣飛走孫威神寺主僧承嗣五内摧裂躃踴攀號聲竭潛哀

溪盡續五至乾元九年十二月二日遷于條山之側胄子
𨑳頭禮也詢問其地取人不爭砳柱東橫汾河西澍青臺
鎮北鹽池臨南華尓𨑳頭卜擇安厝雖則天長地久而恐
代異時移陵谷改遷斯文不深其詞曰
緇门積疊　寶樹肖摧　法消蓮坐　䰟滋夜臺
條山陰麓　歸然𨑳頭　碧巖引吹　清澗繞流
和上登兮舊賞　功匠興兮今修　建崇塔兮數仞
瘞金骨兮千秋

苗仁亮墓誌

高一尺九寸五分廣一尺九寸
一分十五行行十五字正書

唐故苗君墓誌之銘
曾祖龍　君仁亮上黨人也曰官遷改枝流萬國遂加高墟
焉君根朕務秘周王昔壤之苗枝𢦏扶踈岐伯分邦之族

卷下　唐　大德禪師　苗仁亮

世間緼雅畢天下之人能物外清高超〇迥擢之敏　夫人范
氏春秋卒有九去寶應元年六月一日殯於私室夫人風儀絢綵
德苑□居雪態凝花母儀光於六行其年歲次壬寅十月景
午朔廿八日癸酉合葬於汾州東辛里平原禮也前抗將軍之
塋戍北顧尊容須弥□而不朽左臨小水夜聞□木之聲
皿涉峻崿望見二京之路由恐桑田變改陵谷遷移勒石
紀功乃為銘記　乃為訟曰其一　惟祖惟□□□□記
代□汜山□□□非銘非□

李良金墓誌

高廣各二尺四寸六分二十一行
行二十二至三十餘字不等正書

唐故金紫光祿大夫試太子詹事兼晉州刺史上柱國隴西郡開國公李公墓誌銘并序
山有發地崛起者謂之靈岳木有梢雲挺權者謂之長材
然木之秀也遇驚風或折山之峻也有朽壞則崩噫以人

事擬其倫我李公近之矣公諱良金隴西人也五代祖儉
佐　高皇帝定都於雍因居豳郊子孫不遷遂傳家
于新平矣皇祖素鹽州真寧宰大父亨絳州長祚府折衝
烈考宗孟州新繁令或愚綬馳聲或鶡冠陳力皆樹德積
善而鍾美於公公即新繁府君之次子也幼而銳敏長而
英奇氣鬱風雲心堅鐵石弱冠忽投筆太息杖劒獨遊時
朔方節度副使論公遇公而寘之幕下尒後出奇破敵戡
難計功廿年閒累有遷拜日者受分符之寄於晉也人樂
其化吏畏其威雖迫兇徒而身處唐郊亦懷　王命
而心馳　魏闕閒歲職營田之務於蒲也規畫疆理
巡閱耕耘法立令行人莫敢犯豈意訟因小史詞忤大臣
蓍黃之際命歸不測傷哉以大曆三年七月十一日奄終
於河中府春秋卌有七夫人滎陽鄭氏芳蘭之姿堅冰之

操中年不幸先公而亡以廣德元年十一月十四日返□
於晉州官舍享年卅有一旋以公即廿之歲十一月廿六
日合葬於晉城東偏龜筮叶從也嗣子季平弱而在疚衰
不絶聲長號終天願言報德銘曰
長材　國楨雅望人傑植性剛毅守官忠烈何□□
□□心苦節□晉作牧吏畏人悅如何生涯忽焉瞑□□
□□□秀木折繁霜凝兮芳蘭歇千秋兮萬□
雙魂兮同穴

崔昭墓誌

高廣各一尺九寸一分二十行
行十八至二十七字不等正書

唐故崔君墓銘并序

誌曰人者天之靈地之秀故能馳騁家則推衛里閭耽生
也有時亦死終無限烏呼君諱昭遠祖姜後乇留侯之侑

也君以仁信孤邈天假至聰鄉閭稱賢河目海口為　國
展劾加上柱國勳曾諱章祖諱徹皆通代綖誕丘園盡清
躅巢許之高蹤綦長沮之至節父諱藝禎潔松檟道用冲
和不仕而信行自高無官而人吏胥悅君夫人河內常氏
德禀松蘿笄年下帷箒禮方出行協柔秉心和採蘋君春
秋七十有七以天寶十一載五月十一日卒於家夫人八
十有九以大曆六年十一月十五日卒於私室嗣子長男
武騎尉隱居亦隨　君之化已同其墳二男管仲亦近日
殞歿共同遷厝今見在季男隱林次男唐善寺僧惠暉等
痛深寒泉泣傷墳隴哀慈顏以淪沒追古墓以送終与姪
男右羽林軍飛騎嘉恩爰卜吉日以大曆十一年歲次乙卯
十月辛酉朔廿四日甲申啓諸舊域以祔遺靈同葬于屯
留縣東北廿五里南崔家村東北一里平原禮也夫其北

㩜浮山南連積石漳濵東度柏大禹以非遷澤馬西臨去
雍川而已近量恐刼石拂盡無田屢遷故勒斯文以爲銘
曰銘曰地之久兮天之長死与生兮道之常斂沈水兮空
有信人之化兮永不朢

璩崇肖墓誌

高一尺九寸五分廣一尺九寸八分十
九行行十七至二十五字不等行書

故上柱國北海璩公墓誌銘并序

噫有唐大曆十有二年歲次降婁春王二月一日壬辰北
海璩府君卒于縣之私第享年三百七十二甲子矣哀哉
以其年冬十有一月廿四日壬申葬于潞之附庸尚子城
北五里壬癸之□鮑司隸原禮也　公諱崇肖謚字紹宗
衛大夫伯玉之後也其先盖筮仕於潞遂為長子人　父
元貞　大父洪徹並性閑不仕是乃以仁為已任不亦重

乎 公脩道子孫無忝 祖考也懿夫柔服可懷仲尼稱
為君子乘車有禮內主謂之賢人素業清風承家不墜
公年冉強仕會 國步多虞二紀之間孰免艱凶雖应績
以□ 帝錫鴻勳而儕於凖人蓋取諸隨□兌上震下也夫其感
沒倉鼠者衆矣豈唯 府君而已哉良圖不果奠夢斯及
已矣夫一死生為虛誕可哀也哉嗣子翼翊州尚德府果
毅悲搖風樹苦集蓼莪有女簫笄顧猶在室移天之礼竟
失資於与夫之昆從葬事棺櫬啥襚率惟舊章志其佳城
頴刊貞石銘曰 已而逝者如斯早廿無禄皇多有
之悲夫命矣何圖天則不憖人其恣乎女也未醮男兮早
孫辯踴哭泣死而復蘇人而欲仁必也喪親扶力襄事以葬
君身出郭門兮直視望孫隴兮悲辛佳城穿君獨卧空堂
然歟未亡人

郭雲墓誌

高廣各二尺一寸八分十九行
行二十至三十字不等正書

唐故郭府君墓誌銘并序

君諱雲字秦仙晉陽人也上承周祖下許公枝派蒲於周
秦宗業傳於漢魏惟孝即巨多文則庠聲振古今未逾于
泰曾祖豈隨任礼部郎中遷常州刺史未暮而迎卧轍而
送　祖蔵兵部常選朝集来往有遇南宗綦道隆緣方為
門侶見善思荸逢愚捺傷親仁擇隣清信高栽君當少歲
勇而多略曾校子蔚北未謝於李廣御討於西戎何辭於
墻黨在軍有安人和衆之道在虞能登布甸壘寨井遺宦
返耕藂宏六軍用欽其善莫不滕口子軍府矣於是　皇
帝乃側訪庶品知君多略遂飛驛馳除賜緋魚袋用君為
征將軍西戎殄滅方歸富侍三省吾道捨武從文竟日垂

帷門絶三徑〻移星歲成葛洪万埜藎于心府矣然則悟
于道不求扵仕識性□見筵數祀矣有時与鄉人李元宗
等三人同爲壽命与于偕老遂相与携手□三命有並同
乱五壹見苦海將臨方歸八水具覩无相頂礼而拜才終
一年同没寃歹君大曆十一年二月九日寢疾扵堂掩然
遝化嗣子弟守疚□今大曆十三年十一月廿日扵長子
城東南十里高原礼也崇山並岌◯迤其前渾水湯〻峻
流其後山川形勢審地理清平恐谷變陵移寄脣文貞石
其詞曰志人學道懼生死茫〻萬古皆如此松檟颸〻不
𧯞停木□窆〻風對流水
大曆十三年十一月癸卯朔卅日壬申

崔禮及弟進墓誌

高一尺八寸二分廣一尺七寸
七分十五行行十五字正書

貝州青河郡崔府君諱礼弟進葬誌詺

詳夫素質矜分己具遷移之狀玄黃將啓㵟彰變化之機三才運而興廢生五教隆而榮枯顯傳芳祖胤派緒宗枝用繼前封須連後歲上黨屯留縣積石鄉東村人也毋馬氏年嬰疾而終去建□二年十月三十日拁敀葬於家西北壹伯步安其地青龍白虎碧水千峰披宣石以無窮乃名文之不朽妹翟郎婦長子重暉弟文玘義軍不迴下文政文誼文習文益文實留住敬怜醜兒小哥賢留女兩張郎婦衛郎婦曹郎婦小勝新婦史氏連氏叁人李氏張氏史氏孫男聖四婆兒乞德　銘曰　墳埋荒草裏月照燭危餓兒孫腸斷霎泝淚血相和

王景詮墓誌

高二尺一寸五分廣二尺一寸七分二十行行十六至二十四字不等行書

唐故都尉太原王府君墓誌銘 并序

嗚呼有唐戊午歲大曆十三年十一月十二日陪戎副尉守朔州尚德府左果毅都尉賜緋魚袋太原王府君不禄春秋五十有七夫人西河宋氏以 皇王戌歲建中三年二月十六日己巳怛化享年與府君同也噫龍劍雙沒可哀也哉嗣子左衛率府倉曹參軍儼祏肅奉卜稽遠日以其年三月廿七日己酉合葬于長子縣城西北三里原之舊塋禮也　府君諱景詮字景詮激君士譽府君之嫡孫處士思或府君之世子也夫靈儲命氏姬周之族姓將軍建業輔晉之良家代為公侯啓沃王者嗟之爪牙縄之子孫或名彰青史或道光白賁沉潛剛克　都尉則然財阜於家誠竭於國致身由武訓子以文二者不孤同底於道悲夫死生有分哀榮何遲而象賢方卬及禄旋根枯

卷下 唐王景詮 七

魚過庭追慕於聞詩升堂擧踊於斷織以意承孝以禮居
喪孫心嫘嫘幹父之蠱塗車棺櫬備於娘難此生人之竭
力也他山之石琢以為銘銘曰
緱山中峙淮水東流　王氏之族永□于休
夫人都尉早嬪良儔死則同穴葬于荒丘丘隴伊何層城
之阿震馳驛路离澍飽河春草自緑春水自波唯餘孫嗣
殞絶虞歌

張石墓誌

高一尺八寸四分廣一尺八寸七分十七行行二十二至二十八字不等行書

唐故張都尉墓誌銘并叙

君諱石字子清其先南陽人也　父茂實海内衣冠冢中
人物而根深蔕固然業暉暎持危扶顛善文善武克忠克
孝者莫能具紀或因官置業或錫土分茅遠□□□分川

人也學古入官經明守職白珪有玷清慎無尤鍾鼎□冠
布在青史屬天寶末賊臣乱常華夏鼎沸挺霜戈以爲
國舊長策而經綸掃滌祆氛式遏寇虐授昭義節度副使
中郎將賜紫金魚袋上柱國　公骨氣不恒風標秀拔雲以
谿達莫之与源飛月羽以清邊鬢霜戈而勲　國凱歌獻
捷飲王策勲　公志氣高尤心神特拔孝親已畢徵誠爲
誰知文非拯難之以具武定禍乱之急遂投筆從戎挺劍
沙漠論功則家累踐榮班授汝州梁川府折衝都尉爪牙
之臣天道禍善以貞元七年疴瘵纏侄過歲月至八年歲
次壬申正月廿九日終于潞府上黨縣臨泉鄉私弟春秋
二十有八以其年二月十七日殯於潞府城西七里景雲
之原禮父茂實恐陵谷遷移桑田改變爰召墨客請余爲
文乃爲銘曰
古往今來何悠悠　四時運兮春復秋

卷下 唐 張石

白日西傾不可留　青松向晚𠃵颼颼　人生脩短各有

分　聖兮賢兮同此休

蔡崇敏墓誌

高廣各二尺三寸二分　二十行　行二十二至三十二字不等　行書

唐故蔡府君墓誌銘并序

守純素之道保逍遥而自得者惟君克之君諱崇敏字崇敏 其先陳留人也命氏之奉肇乎周姬夫其賢傑間出將相継爰及漢魏迄于 盛朝代必有矣遠祖從宦因居於潞長子縣焉洎乎高曾皆鍊實從志 祖諱仲景弥脩光業 先考諱海亡罔移前志而君幼則純孝長惟謙巽重朋友而以信敦宗屬而以親加以養閑東皐奉税南畝蔭門柳以散志戳典墳以寬身雖未鵰以赤恨終腐鼠而不顧故得任真之途忘撰鈞之失從運之理靡亡羊之歎

任乎天年脩短高遠於終始之患同塗中之志矣望夫浮
休終齋於物化時天寶八年三月十八日遘疾不愈終長
子之私舍春秋卌五夫人孟氏箴誡早服容止先著齊眉
清規未始差忒雖劬龍先殞而孀操年黙撫育孤稚咸淫
義方同 府君之嚴訓不失者也時貞元三年七月四日
衰瘵弥留奔孝誠於私舍享年七十嗣子涇州四門府別
將賜上護軍庭倩西注胥立歸訴年遠祿養於淺而
慈顏忽違對風樹而增痛捧泉龜而莫及親養不待嗚呼
若何即以貞元九年癸酉歲三月七日乙酉合葬于長子
縣城西北 里原從吉兆也東據千花之苑西臨九女之
泉高崖應玄武之宜流水動閼門之秀旌厥盛德終貽誌
云故紀之於貞石銘曰 英髮府君志若松筠名節方
立生涯遷促肅肅孀操其惟夫人皓齒雖蓍清規尚新嗚

志下 唐 蔡崇敏 三

呼德音存没斯陽弃々餘慶□焉松柏

劉建墓誌

高廣各二尺二寸二十三行行
二十六至三十四字不等正書

唐　故行涿州司馬金紫光祿大夫彭城郡劉公墓誌銘并序
夫人弘農楊氏祔
宣德郎前節度驅使官試左衛兵曹參軍郭讓撰

仁德忠貞君臣之節義理家孝悌亦爲政之榮某方
府君能盡忠於國純孝於家可謂忠孝雙全者矣　府
君諱達字達　漢室本宗彭城是望昔□壓飛中夏□士
蓬泊逐勝而遷□燕臺應納于兹數代不涉彭城今即燕
人也自　大父以前多遇荒□不明難爲具載　昭穆
故順使州刺史兼侍御史諱瓌即其　先人府君伯季
六人房居弟二　元兄諱逸青春之年巳亡人廿痛哉絶

詞

府君天授仁孝蘡繼□綱閑居即共被同食分飛□哀鳴

霄漢大曆中詩書成立節行□天特賜金紫光祿大夫行

涿州司馬仁佐勳賢振乎千里次弟九㕛弟諱迅□□文

筆儉素守官行幽府司户參軍再歷檀州司馬謝於瀛州

景城縣之令□□次弟□諱　□丰蕪文武勳業望重歷

職　轅門駈鷄五邑　奄於潞洺縣　仙宰次諱述□□

逥車二宰大邑　終於涿郡歸義縣季曰諱　遺守檀州

□□參軍三十赤餘巳傾下壽或曰鷖鴿□蘂　聖代

急難逐及子孫餘慶示□　府君歷任年代碎務閑心

裓氣俄□疾忽於甚貞元十四年十二月八日謝於□□

之公館時春秋四十有五有子兩人長曰拭次曰撰聰敏

孝行人所難偕摸則阻於不幸拭乃孝嗣奉　先有女一

卷下　唐　劉建

人適吴郡朱氏婦德壮知朱君早逝府君靈櫬比者龜筮
未□權在　大塋今乃兆遷潞城西南□里之原禮也哀
踊送　佳孝思未□□□訁儀毀容識可継於曽□□□
當□相劝沐　殊恩無路劝扵始終□銘紀於貞石詞曰
府君物望兮間氣自天　雙持文武兮　聖代勲賢　鷹
行忽斷兮□□天際　空存嗣子兮孝行相傳　新門
巍兮看成拱木　銘記昭昭兮將憑万年

王守廉墓誌

高廣各一尺六寸三分十五行
行十七至二十三字不等正書

唐故太原王府君墓誌銘并序

仁固成名孝爲德本仁与孝遠乎哉府君包焉莫之京也
府君守左領軍衛太原府豊川府折衝都尉員外諱守
廉字守廉望本太原蓋遠祖也官遊上黨子孫因而家焉

既族乡　皇泒流可知歴代莫賢具如　國史　祖諱崇
貞倚諱□□皆體仁以行已寧義以潛身終爲貴子丘隴
死而不朽祖夫人侯氏年壽月日喪而不書　考諱□廉
好道不仕貴於丘園尅已復禮移孝爲忠擇善□賢謹身
節用歲不我與年七旬有七以元和六年八月十六日寢
疾而終嗣子奉國次子奉林式奉禮經以擇松櫝今爲葬
恪卜其宅兆以考歿之年寅卯歲秋九月十七日合葬於
韭閑縣南□仙鄉□集村北平原禮也恐陵谷變改尅石
爲誌以爲銘曰　府君雲儲之孫聖人之後生□□□□
□□　祖考伯□夫人一墳四口尅石爲銘以誌不朽

卷下　唐　王守廉　申屠輝光

申屠輝光墓誌

高廣各一尺九寸三分二十行行
二十二至二十八字不等正書

唐故上柱國申屠君墓誌銘并序

前澤州陽城縣丞景邈撰　男軿書

許身立可英心守節穆如得人仁之令譽惟厥
申屠府君君諱暉𡰥　皇門襲餘慶地載芳枝識匪浸微
寬裕爲務遠系楚大夫申繻之後即德以謙牧義而能婉
前時列土封望謂曰金城人也　曾祖諱伏興　皇推心
讓能報主弘量不伐于已行可名於踐跡至公之志守吏
部常選　祖諱後進誓已先見乘時通明負貞才之用髙
素識之見列名受朝散大夫
府君事非踐祚有承家繼世可觀之見戲哉遲不私弔時
享年七十七至元六年十月廿二日祝終私第
夫人張氏淳德成心慈愛爲地肅穆技順昭彰從夫之敬
嗟哉數睽靈壽時享春秋七十二洎元和十一年五月四
日弃世于私舍長子璨少小孝友貞心松筠次子軿弱年

從事明時盡忠公才貞幹仁勇多可述職昭義軍節度要
籍文林郎試左武衛兵曹參軍上柱國次子道義氣蘊清
陽心歸仙府名籍上黨縣龍興觀道士次子法宣學古訥
言範師成行潞城縣滕緣寺僧長子璨次子軫等度義而
處於事乘元和十一年十一月廿四日閤室村西北一里
宅兆于平原用安
神位合祔禮也豐石刊詞爰旌厥行銘曰
張君前時　達乎所知　謀心冨義　許身範儀
愛子垂訓　與朋全信　靈運伊何　彼蒼踐遷
哀挽淚流　永訣兮千秋

秦愛及夫人王氏墓誌
高廣各二尺一寸四分二十二行
行二十八至三十五字不等正書

唐故府別將秦府君夫人太原王氏墓誌之銘并序

府君諱爰先望咸陽人也顓頊之胤緒稷公之苗裔今派
流移散居方面因遠祖官遊即為壺關人焉曽祖諱鍾志
氣弘略名著有聞以受上柱國祖諱力獨步於方外以受
上護國父諱貞功成盡節事感殊恩弃廿皈緇三代承襲
各爰壙域皆註銘誌矣　府君幼稟庭訓夙承義方終始
不渝禮樂出衆家宗孝悌信行遐宣遊藝依仁操不踰節
翱翔雲外安閑樂居宗族遵其楷摸鄉黨稱其令範以受
府別將享年六十有六以元和十二年季春之後忽加疾
疢藥石無功以其年仲秋中旬有八終于私苐孤子二人
攀擗泣血觸地無容竭忠孝於家國嗣子晏不墜嚴訓精
藝弓裘郡効之誠結以鳴驪鄉賜紫金魚袋上柱國次子
昇温恭色養立性有規里閭稱善孀妻劉氏哀擗殞絶哽
咽增悲擗標叩地頹無光輝鸞鏡獨舞雙釵一虧次新婦

王氏摯臻慟絶涕淚俳佪哀孫有二　□悲哉夫人王氏
笄年伉儷以仕秦門卅餘年婦禮不虧於孝道守閨閫無
越於母儀令淑餘芳輝光內外享年五十有六以元和二
年二月十五日終于家室克今吉辰再舉合祔次新婦吳
氏享年一十有八以元和二年十二月中旬有一終矣權
殯村西南半里已竢後其大新婦改氏去元和十一年三
月廿二日終權穸於大塋之左日居月諸遂求安厝筮卜
叶從宜用其年九月廿三日葬於本邑三老之里祥麃觀
東北半里平原禮也其原蟠龍央掌埜地股肱東瞻馬駒
之嶺紫氣發於丹霄西望梨避之山白雲生於遠岫南覩
雄狐之穴朱鳥成池北倚仙君之阜玄武登天恐後陵谷
變移泯淂遺芳刊石勒銘永旌不朽　其銘曰
剋生懿德　樂道親人　心明八水　玉潤三春

擇及子孫　善流餘慶　丹桂藂芳　寒松交暎
龜筮叶卜　宅兆高原　名註白簡　身奄黃泉
嗣次絕漿　攀號泣血　静〻佳城　蒼〻松月

田意真墓誌

高廣各二尺二寸二十行行二十三至三十三字不等行書

唐故田府君墓誌銘　并序

前恩王府主簿李杲撰并書

夫債位自高樂天知命者蓋親於道守道即福至求祿即辱來遠榮辱避矰繳鮮羅及矣方我　府君之有焉　府君諱意真北平人也先自敬仲仕齊食封田墅因以爲氏累代定君以光齊國英豪既著封爲孟嘗君因官遷邑慶消忠貞乃及　曾祖自勉閑居不仕育道丘園　皇考貴賓敦襲禮儀鍾美祖德　府君務農勸孝訓嗣克家紉

麗義方長貿仁信洎狂胡逋梗俶覆中華人無懷土之心
匪唯流於上黨岦期夢兩楹之奠幽境潛舟曰以元和十
二年十月廿六日遘疾於上黨私第春秋六十有七嗚呼
府君先没夫人裴氏珪璋睽澈桂菓凝輝未逾不惑之
年以乙酉歲奄弃孝養繼室夫人郭氏捻惠偏露慈愛如
初有四孝嗣長曰岌仲曰万昇次曰万全季曰万興岌見
河東軍任摧鋒犯寇報 國忘身万昇等三人並昭戴軍
行懇誠忠烈偕鼓餘勇視死如歸賢孝家㧱崔氏不婦張
氏陳氏孝娣高氏十一娘孝孫榮子郎子等幸祈良兆啓
域從宜以元和十二年十二月五日奉 考妣歸塟於郡
城西南五里太平鄉南陶原村以孝成終其地貿𡌴韓原
勢峯臺壞翼傳榮慶遂聽宜分旌表英風列在文矣其詞
曰

英賛齊國　垂業弥彰　列勳青史　傳紀万邦　皇祖
昭宣　育道丘園　庭訓翼子　閑居放言　榮養幾崇
孝友著農　鍾美祖德　弘道方隆　孝嗣哀々　痛
貫韓原　淚洒銘記　永訣幽泉

王守廉墓誌

高廣各一尺六寸四分十九行行二十四至二十八字不等行書

唐故左領軍衛太原豊州府折衝都尉員外王府君墓誌銘并序

軒冕所重者芳族君之德箴誠所尚者令德夫人爲之箴居在亥□三公舊墓改觀以夫人和氏合祔禮也君諱守廉太原之雅望也遠祖從宦因居上黨焉相襲自遠迄于盛唐君之名位若靈龜之□骨者也曾諱崇智丹穴之嚴鳳骨者也府君乃貞正之名謙讓之美皆夙著□頃乃毅臣

撵乱蠘聚憑陵屢乃畢力輔忠志誠□命 恩勍左領軍
豐州府折衝楏爭砍勛春秋雖越於從心名節□留於倒
載當七十乃七以元和六年八月十六日懃王之節盡矣
嗚呼七擒之詠千載空餘命矣夫悲莫能及以當年九了
十七日銅子□□力扶曾祖并府君於董関南崇仙鄉五
集村比平原為一堂之安曆今汝陽郡夫人孀居之一半
眡凿冰雪砍初眉終雖茕之然撫於孤幼猶孟親之垂訓
不失者七豈遐齡亦高而衰疾時元和十四年九月十四
日奄終于堂公棄虛浄知懸解之由鄙同穴之義忍神無
託生人可哀禮不從舍同其何適銅子奉國次子奉林懷
荼泣血踊天錄實以當年十月廿八日占吉地与府君夫
人同歸魂穴合祔禮也雄寳馬安并禹治府君千古作比隣
淺恐桒田乃移變勒石万古銘長存曰 英毅之德其

惟府君輝影雖逝聲名高聞惜哉夫人榮養斯隔嗟矣孤
露空悲松栢鴛楊之勇武□之威隱顕靈識魂兮来歸

田氏夫人墓誌

高廣各一尺六寸三分十五行行
二十二至二十六字不等行書

唐故北平田氏夫人墓誌銘并序

夫人令望北平即齊國輔弼衣冠揆廿義啓千齡之躅孟
嘗公子之遠葉　祖諱章真父名萬昇數代居漳濱爲潞人
也　夫人即長之令女淑順其義玉貫温潤芳香蘭蕙四
德六行眩如也笄年禮娉隴西李君治家婦禮守節和鳴
琴瑟合調年光廿一豈謂葬花朝閙風招而暮殞縈疾於
寶曆元年夏四月一日殁于私第嗟乎花凋漳浦玉碎韓
山令子八〻孝行全心銜恩灑泣　嚴父墮淚　慈親涕
零　良人悲曰結婚望千載之榮豈料沉九泉之路孫鸞

失影別鵠無聲花既謝而庭宇寂寞君長逝而房櫳慘色
㧞寄鄉外誰為室中託在何人以成家事　夫人於其年
其月廿七日遷窆於潞府城西南三里臨泉村西南一里
平原禮也壺口峰右漳水之濱栁栽隴樹恐年代遠陵谷
變遂刻石紀銘詞曰
田氏玉顔　花謝春園　鳥啼壺口　水咽漳浦　令子
隨淚　良人悲咨　刻石九泉　永標千古

解君夫人張氏墓誌

高廣各一尺六寸五分十七行行
二十一至二十九字不等行書

唐故寧遠將軍守左金吾衛大將軍守并州竹馬府
折衝都尉解君故夫人張氏墓文并序
夫人姓張清河人也漢太子　少傅子房之後皆德光楷
紳名載史策夫人性惣惠和行兼寬敏四德通備三從有

程初笄之年因媒氏受都尉公之禮請而應敵爲都尉公諱晉卿節行沉密識量公雅言必稽古性敦純直祿雖厚命何短耶去貞元廿年十一月十四日遘膏肓之疾先夫人而歿權殯於栢臺村西北平原禮也　夫人自居霜寡貞列知名訓子推孟軻之母執禮爲梁鴻之室禮範光於風雅內則彰於貞明中外式瞻里閈歸德何圖天命有數大運難逾居朽敗之年卧沉綿之疾藥飲不救以長慶四年冬十月十五日奄歸泉壤享年七十有四卜寶曆元年九月三日葬于潞州潞城縣永濟鄉西王村西一里平原禮也　夫有子二人皆秀而不實相次殁枉議立主祭有孝孫大政處弱歲辦麦絰分令所備亶禮皆女之夫氏辦集僕表孤女張氏十一娘康氏十三娘等歸天擗地上訴無階復恐年代推移陵原有變列之貞石以紀泉門詞曰

惜哉窒逵　早夔逝川　夫人張氏　旋歸下泉　二子
云殂　一孫零然　始居□歲　誰當眞逆　兩女哀號
泣血仰天　松丘壠邃　万古千年

鄭仲連墓誌

高廣各二尺一寸三分二十五行
行二十八至三十四字不等正書

唐故昭義節度衙前先鋒兵馬使滎陽鄭府君墓誌
銘并序
承奉郎試左衛兵曹參軍前攝昭義縣令史方遂撰
公諱健遠族鄭氏其　先肇自宗周宣王母弟友封之於
鄭是為桓公子孫因氏焉靈苗繩繩代著仁傑軒冕華時
推甲門維亲於京棄之間今為滎陽人也　七代祖
諱　偉府君後魏開府儀同三司尚書右僕射平南
將軍廣州刺史襲襄城公　高祖諱玄敏　皇

朝散大夫蘄州長史司農丞　曾祖諱由古朝散大
夫河清縣令宣州司馬　王父諱廣嗣左司禦率府
兵曹參軍　烈考諱楚卿杞王府司馬贈敭州刺史
公即　敭州府君之長子生芝蘭之室長簪紱之家
積習儒風不肅而教遭中原紛擾四郊多壘乃眷廢曲蓍
恢張策術有掃清排難之志遂謁河東節度使侍中
馬公布憤激智襟陳討除利病一谿雲霧留之麾下署
討擊使會尚書　元公韶拜河陽節度使乃公之陽也
思我　舅氏日志三城留署節度押衙屏後右僕射
孟公董戎三城署公都虞候轉河清鎮遏兵馬使洎
孟公移鎮澤潞公又隨之充節度押衙兼府城都虞候
長慶中相公彭城王劉公保釐東郊鎮撫襄國署公先鋒
兵馬使俄遷澤州都虞候兼防城兵馬使寶曆二年春奉

𣨼追遝依前充先鋒兵馬使嗚呼哲人其委梁木斯壞以二月五日終於邢州某里之私第春秋六十有二夫人長樂馮氏　皇殿中監諱榮之季女先公而歿有子四人長曰揆試左清道率府兵曹參軍上護軍孟曰振仲曰授徛前散將季曰攜至孝芋蓬頭棘心泣血過禮克荷昭訓棘心充窮　後夫人狀風竇氏奉公衆惟晝哭遂育恭率令嗣哀號飾終遂以其年歲在景午十一月七日遷神於潞府城東北關村之平原以夫人馮氏祔焉從宜也銘曰

滎陽甲族　冠冕名家　焜燿區宇　光輝爪牙
曆趍　允勳　忠節罔差　不幸無祿
哀哉命耶　壺口西原　木落霜華　君子幽宅
松筠載嘉　欒欒諸孤　號訴縗麻　千秋永夜

鸛□鳴鷄

梁春墓誌

高廣各一尺四寸五分十八行

行十六至十九字不等正書

唐故安定梁君墓誌銘并序

皇大和七年冬十月十四日安定梁君卒於晉陽縣望桒
里春秋一十有一其年十一月甲寅遷窆於壽陽縣飴露
鄉叚亭村莊之西巨□之南君名春字春　唐河東節度
散将驃騎大將軍試殿中監輔國之孫　皇河東□十將儒
林郎試宋州宋城縣尉季淮之子實謂并汾之標英雄之
菜訓誨弘誘小學大成至於孝經論語通卷背文顏氏字
類之書問之便寫幼而洞明珠瑩庭曜豈期歟与代而相
違悲隨遷而忽迫豈乎分之失序感霜露之不時桂桒桐
花芳春便落　慈尊聖善寸割中腸姑姊諸親咸哀妙幼

遇歲宜非便未就大塋畢而雖留禮期逾日協從斯地空
殯茲墳恐年移代改過隙難分揶是人非孰明遼鶴故鎸
樂石銘表將來記之下泉用傳千古其詞曰
幼而能惠　念明天假　懋角乘羊　成童戲馬
諷念孔文　人推清雅　謝玉瓊珠　塵茲墳下

田万昇墓誌

高廣各一尺八寸七分二十行行二十一至二十六字不等正書

唐北平故田府君墓誌銘并序

府君諱万昇字昇命氏寔冀之苗因官命族□□□恭成
公之淯嗣焉齊公子文源流分派一荊垂裔至于　唐公
卿無替焉　曾門諱寶寘高尚處士　祖諱意真並令望
當時不干祿位探賾墳典歌詠唐堯本松柏并州人也遷
居隱□龍潛處向四紀焉　公膺行仲第也天粵和氣性

卷下　唐　梁春　田万昇

耿介節義履古人軌轍抱君子之賢蕙蘭襟帶芬馥友朋
禮樂軍府桃李人寰貽厥子孫享年天命之歲有六於大
和八年秋八月九日縈疾殄瘁之私第嗟以珠沉漳浦玉
碎韓山　夫人清河崔氏婉婉令淑昭昭女範鴛鸞于飛
琴瑟調合移天既天本期偕老孤劍先殁雙桐半瘁嗣子
四長惟則次惟貞仲惟遠季惟讓並禮樂立身文武標美
鷹行並盡庭樹四枝可以亞　先代三荆古即今也上天
崩圻血淚和流公仲弟万全季弟万興標萼五枝三枝泉
路鴻鷹一序兩隻行稀泣向九泉目垂雙淚　公於其年
冬十一月廿日遷窆於府城西南五里先祖塋内扨裁隴
樹寒雲條色哀歌咽聲四子捫天雙弟墮淚血滌寒草風
悲古原月釣荒隴挂孝感也恐年代遠陵谷變刻石九泉
永安千古銘曰

一劍亙兮沉逝川　四子泣兮悽寒天　愳松栢兮變陵
谷　刻貞石兮安九泉

王希玩墓誌

高廣各一尺七寸五分十八行
行二十至二十八字不等正書

唐故太原王府君墓誌銘并序

父諱希玩其先太原人也十一代祖玄謨仕後魏為平高
侯其後子孫因家於此今為高平人也軒冕之盛史諜詳
矣　曾祖懷仁見國步多艱生民塗炭遂傷時而不仕以
田農為業禮□自持　祖思敬亦不仕　公如琬承祖父
之志樂道安貧及公之世家風不墜公性本忠孝禮讓謙
恭鄉黨推崇賓朋敬慕冀泙積善之慶以齊龜鶴之年何
大夜之將侵從風水而無定以開成元年十二月十八日
終於莊內春秋七十有四頃以歲月未通權殯於莊南坊

唐　王希玩

外　夫人陳氏雅有毋儀脩閑婦德以長慶二年五月廿
九日先公而終　權　安厝嗣子文叡文雅以　大事未
舉常懷芒刺之憂窀穸未終毋深　罔極之痛今龜筮叶
從擇兆云吉以開成五年二月七日　合祔于莊西北一
里之原禮也靈崗隱映若鸞鳳之将飛雄嶺連綿狀形之
盤轉元嗣素非文士以公宗人之眷爲嗣子文叡所請辭
不獲　命輒課荒拙以紀　徽猷嗚呼哀哉乃爲銘曰
龍崗隱〻潛復起　雄嶺綿〻接丹水
靈櫬一歸泉壤中　墳壠千秋鎮蒿里
從弟試太常奉禮郎元嗣述

蔡儒墓誌

高一尺五寸五分廣一尺五寸八分十
九行行十六至二十三字不等正書

唐故　蔡府君墓誌銘并序

古之功位不庸於今時謙恭罕全乎大叙　府君　皇
祖諱□　祖諱儼　本陳留郡人也　先祖從官屆潞曰
而家焉義冠前賢德宗苗裔遠祖邕為漢兼相匡時任重
流芳茂實名高史策才曜詞林頌聲洋洋震於今古高門
盛族略而可知矣　府君諱儒登仕郎試泗州長史上柱
國道高不任毓性故園春秋七十有七洎大中八年正月
五日終于其家　夫人太原王氏婉娩從事舅姑畢禮享
年七十有一咸通七年七月八日殁于私第嗣子五長曰
幸楚公以忠孝立性義悍温温恭人□崇□黨次子實等
泣血絶漿欲報之恩昊天罔極哀女七姑□鄂氏以咸通
十二年歲次辛卯三月丁未朔廿日丙子葬於冊城西北
七里德讓鄉禮度里之別葉壬地創塋安厝禮也地勢前
有雍川一帶逶迤入於衡漳後有晉嶺千尋連延接於紫

府魚陂古泊之澤汪〻數頃在東南坱軋之平泉勺〻千畝俊忠靈遷漂襯山谷變移刊石鐫銘題之爲巴　其詞曰

哀哉府君　逝川何急　狐兎爲隣　永鎮城邑

婉矣夫人　膚矣皇覩　皇堂一閉　千春万春

牛延宗墓誌

高廣各一尺八寸九分二十一行行二十二至二十七字不等正書

唐故隴西　牛府君墓誌銘并序

牛氏厥始殷宋之苗司寇之捐因官遂任星職中華今爲上黨人焉　府君　祖諱廣不仕享齡八十六而弃世於上黨父諱貴不仕亡年七十二無疾終於私第咸遷厝於府城西南十里地名狐瓔坂也　府君諱延宗凡爲措履能繼　祖宗其於心誠不拘小節輕於金王重於

信義人有危急以誠拔之必□蹈火之遂於戲　公既蘊
其德天何不祐時乾符三年孟秋遷罹沈瘵每召醫術略
無徵効嗚呼罔遇令威之術必歔錢氏之年風燭奄及長
辞人世明年三月十二日終潞州市西宅春秋卅有四
公之母曰隴西李氏年過從心返悲嗣子　公之夫人曰
郭氏每興憤痛哀悼時聞　公有二子長曰留九乾符三
年十二月十五日而終焉次曰孟十方將齠齓遷至彫殞
權殯于狐瓖　先祖之塋小女曰五娘幼失天蔭窆辨退
攀嗚呼日月遄征龜筮告吉掄得府城西南故苗相碑樓
東北可百餘步地二畝二分善價質之此地去州城三里
永為宅地以乾符四年夏五月九日并男留九是日安厝
于茲地及自狐瓖坂啓　先父神儀并小男孟十遷就
公之塋禮也前二百餘步觀苗相之塋樹後二百餘步枕

髙河之長歧左眺髙巒右顧長川嗚呼大塋既奄封樹森
然何千萬年此爲安宅悳丘壠變移永託玆銘銘曰　牛
君昔氏傳芳隴西跡行空在　公今何之古碑東北此去
古婦人事已矣萬代長辭

郭全豊及夫人宋氏墓誌
高一尺七寸四分廣一尺七寸九分十
九行行二十二至二十八字不等正書

唐故郭府君及宋氏夫人墓誌銘并序
令望太原郡人也因官逐任遂爲上黨雄山鄉人焉
祖諱延玉　府君諱全豊乃以淋慎其善百行周旋神類
以奄今德人傳名於鄉稼誰不欽然嶶疾忽優藥療不痊
奄隨風燭於咸通九年二月十一日終於私弟　享年五
十有四　夫人宋氏三從有備四德推先習魯之家範謙
姜之禮全只合松筠等壽金石齊堅豈爲寶舟沉於巨

海火逸豈於琨山時人嗟嘆誰不心酸嗟以橋木先摧女
蘿無託孀居守節訓育男女廿五年孟母之賢也於乾符
六年四月十五日終於夫之家也　享年六十有五嗣子
四人長曰重慶次重赤次重晟次重惠以承嚴訓脩胥禮
儀溫恭立身孝行謙美　女三人長適於遼氏君子次適
於王氏君子次七娘兒　新婦王氏次禮氏次韓氏等恨
傾天地屠裂肝心涉岵攀目垂血淚　孫男五人小歸
小到　三到　留〻　川〻並以神聰[illegible]秀性自殊輪孝
節立身文藝深奧　孫女二人要姑滿堂府君有兄全福
并姪男遇年遭月便塋此家資將崇葬禮便以其年閏十
月十一日合祔於宣泉村西北一里半原之禮也東有泉
山西至平原之領南有溫琨之山北至五龍之腳恐代遠
陵谷改變業田故封記名迺為　詞曰　歸魂悄〻　新

卷下　唐　郭全豐及夫人

巃嵸〻 永埋美玉 長掩泉非 都山川兮寂寞 念
歲月兮遷移 流芳名兮百代 刋貞石兮千期

申屠府君及夫人賀氏墓誌

高一尺八寸廣一尺八寸三分三十
行行二十二至二十七字不等正書

唐故金城郡申屠府君夫人賀氏墓誌銘并序

府君諱玘金城人也昔葛仙公之裔枝餘潞州大都督府潞城縣龍門鄉居之累世昔因官歷任鎮子嬰之地今因子孫卜居潞城乃為潞人焉 高祖諱興 曾祖諱光 祖諱軌節度表狀孔目官兼同節度副使渾州長史撿校太子賓客上柱國賜紫金魚袋 伯諱珪節度要藉登仕郎試右金吾衛長史右補充節度逐要 公恭儉惟德將懷永圖慎而寡言清渠自守融〻乎人無能名焉□乎脩短有期享年七十有九於乾符三年二月十一日終於私

弟馬　夫人賀氏葛藟有屬附於松筠內傳箴誠庭訓子
孫外布恩光裁於挑李嗚呼降年不永未盡孝心卧氷雝
罟乖於盥指享年□十五於咸通六年十一月八日終於
私室焉花萼恭儆二人失其手足痛思折羽之悲兩顯如
絲聲蓆斷行之涘嗣子弘受弘維二人恭寬信敏淚泣高
柴弘受為吖林無息小阮奉承一門叢居兩存終始小妹
一人昊天罔極新婦□人王氏李氏田氏甚帚義全倍增
荼蓼孫男冬兒等五人感其愛心悲摮不已　府君夫人
於乾符六年十一月五日合祔於㘥室村西北半里平原
之坰也是時寒雲朝結淺泣成珠悲風慘然山川失色嗣
子恐年代深遠故勒石為銘以為後記　其詞曰　天地
存兮万家空日月雖同人不同逝川□□何時返千今万
古疾如風　其二曰　日烏栖冕送雙魂悲禽□□閉泉

門玉質紅顔何處在空栽松栢伴孤墳

張周抗及夫人何氏墓誌

高二尺零一分廣二尺零八分二十四
行行二十七至三十九字不等正書

唐故昭義軍節度右衛馬軍使靈威行營都虞候銀青光
禄大夫撿校太子賓客兼監察御史上柱國南陽張府君
廬江郡何氏夫人祔葬墓誌銘并序
公諱周抗字智遠南陽人也其先黄帝之子生而有文見
其手曰弓長帝異之并字錫為張氏謚名曰羅長乃單□
□□□於國封南陽白水侯其氏興焉後皇王百代丞相
千枝俱一源而異泒□□□祖諱斌為尉長□袂滿□志
□□遂居潞焉曾祖皇諱仙□神雲水□□□築算筮
仕潞方奏授左金吾大將軍列考皇諱矩纘業先邦而送
事忠□出入孝悌終左武衛長史　先天□□平宋氏

公即次子也弱自成風長歲高器工善弧矢盡妙武□強
仕之□求伸　上國乃遇　丞相語之曰以　公英□□
□藩未足以適可仕于鄉中平□□以寔歸遂唯　命特
函來見　府主署兵馬使　公司職奉命恭利盡公家是
□□護戎衙　公言必思忠諭成正義致南北□下允讓
克恭厥謂奇也□門作叛　上詔師師加步軍軍使充行
營馬步左廂兵馬使鵜鶘綫旆狼蜂自息師還策勳遷右
衙馬軍使春年有西戎□搖徼北軍控馭又授行營都虞
候長驅出塞左袵来賓兼充本鎮鑿井防遏使校築功就
上勞授監察御史三星懃式七德弥彰窮塞俗風俄成疾
迫咸通丙戌歲六月廿五日告終于式所春秋五十有一
明年神柩歸厝于塋側　公壯歲娶夫人設悅閨風婉娩
婦道和鳴二紀賓敬一齊自失儷兇獨哀深汲地抑於孤

刅是勉星霜廣明庚子歲秋七月九日□寢于家終壽六
旬矣有子二人長曰虔裕職昭義軍衙前十将娶上黨郡
苗氏有孫圓郎十歲刅曰球早進宦他邦存亡未卜女曰
師娘適太原王氏少寳咸泣血號天茹毒叩地遵於礼教
是柳毀傷逦以其年庚子歲冬十月辛巳朔五日乙酉宅
兆于潞府長子縣西北一里大塋之右□故𢖍焉禮也慮
陵谷變更刊石為誌其　銘曰

軒轅曽俏　惟皇惟王　南陽纘嗣　如珪如璋
峻巗雨凈　貞松雪光　廬江合好　絲蘿□香
卬昭九族　方荷百祥　雲衢驥□　□蘭箱
千魚為悇　万瀨增傷　紀之莫及　秘于泉堂

張武及夫人韓氏墓誌

高廣各一尺五寸八分十九行行二十六至三十字不等正書

唐故張府君夫人韓氏墓誌銘并序

府君諱武族族望青河郡人也　承軒轅皇帝之苗裔張
羅公之後乃葉散支濃派流不絕今為潞州長子縣德讓
鄉人焉　皇考諱𨷖政皇妣西河宋氏以祔前銘此不重
書　府君温良克讓仁恵孝慈禮樂備身德風咸美結交
豪友契□□而□心欽慕鄉隣俱懷五郡之志忽二氣乖
攝夢歸兩楹時中和三年四月廿八日終于長樂里之私
弟享年五十有八　夫人南陽郡韓氏容儀端淑賢行聿
脩玄彩昭華坤精麗質奉事巾櫛無所闕遺去咸通十四
年正月廿八日遘疾終於夫舍享年卌有四公爲偏露無
依遂再婚天水趙氏神姿婉□合浦呈妍天不擇善先終
命矣又娶上谷寇氏夜雖不哭於四隣朝再滞於九族公
有子四人孟曰思約中和四年七月　日終於本家□禹

娘子先歿仲曰思璠季延喜幼延寶等泣血躃天摧心罔

擗長女適河東裴氏平秉倪氏次適武功馮氏幼女□善

娘兒新婦二人長李氏次王氏子□諮問毋曰時年多事

朝夕冥明□擇良時而遷祔之便□中和四年甲辰歲十

一月戊午朔十五日壬申合祔於縣城北五里祖塋之原

禮也其地南觀堯王朱雀呈祥北倚長□玄□應瑞青龍

左隱白虎右藏衆聖狀同千靈擁位猶恐高岸變□深海

成田故刊石爲銘永存貞記　其詞曰

生榮倏□□　一旦歸蒿里　雖有空名在　遊魂悲逝

水　穿穿新墳迥野中　簫簫隴樹悲風起

王文進墓誌

高廣各一尺八寸八分二十三行
行十八至二十八字不等正書

唐故王府君墓誌銘并序

府君諱文進字文進其先太原人也春秋傳曰王子成適
齊敗狄立勳賜性曰王累代榮祿不絶至高曾就養不□
遂為長子縣王始村人矣　祖諱琪　皇考諱□□官雖
泯不墜儒風躭嗜詩書勤農自遺箴□□迹守道園林而
巳　凡士興言則無玷行乃有□□讓承家友愛恤下
府君即先考之弟二子也□□聰敏勤學不倦始自弱冠
擢於縣曹歷効諸司□著勤幹咸通中邑宰以君有詞辯
深知署為押司録事裨佐百里提綱六曹尅巳奉公捐軀
執事奈何神不福仁暴縈沉疾以光啓二年二月廿四日
終于私弟夫人張李程李四氏相次而殁再娶　郭氏夫
人即故鎮遏使諱逵之長女也代歷崇職門有遺風頃以
窈窕淑德疋于良人自遭君禍勤修奠祀蓬首疚心晝像
轉經以薦魂路晝躃夜泣□□傷哉嗣子重賓猶子再武

新婦張氏崔氏長女適常氏次女適崔氏噫君處人間六十有一未爲老矣材德過人不□□□實可哀矣以其年十一月廿七日葬于縣城北三里□村北長崗禮也方□尚阻未遂歸塋先亡四夫人亦□通合祔其壙前臨雍水北距魚□□□居其左慈雲處其右纂述名德勒于貞石以明不朽者矣　銘曰

哀哉府君　□材不羣　年□尚早　遽至沉淪

白雲湯湯　寒草蒼蒼　蓍龜宅兆　□背長崗

霜□號慟　二子聲哀　嗟乎哲人　永卧泉臺

張氏殯記

凡二石前石高一尺三寸廣一尺二寸六分十三行行十字至十六字不等後石高廣各一尺三寸十二行行十一至十四字不等均正書

張氏第五房

曾安封為貝州清河侯守汝州刺史　祖歡用為登仕郎
守滄州刺史　夫人太原王氏自後因官而息
孫仲平本貫趙州寍進縣樂邑鄉中靳村去開成二年到
沁州沁源縣長寍鄉周巢村婚惠氏為妻生五子去光啓
四年二月廿七日身亡三月十二日殯買淂此基村西三
里去州卌里東至青龍西白虎南朱雀北玄武以光啓四
年歲在戊申三月戊戌朔十二日己酉故立此記（以上前一石）

張氏血脉譜

張星屬金金者商也金精變現化為人後乃生一子兩手
不開皇帝歎曰若是吾子手為吾開兩手淂展遂見左手
中有弓右手中有長後以兩□並之乃成張字即号□張
星便封為大將軍領百万之衆遍地血流後乃封為河内
郡王自古天賜張氏之姓皆為手把二字及因張星而興

焉而五子分為五祖此是張姓之宗家狀別具分折

王琮祫祔墓誌銘

高廣各一尺九寸一分二十二行行二十二字正書

啓故王府君祫祔墓誌銘并序 府君太原郡人也周文王之後承晉巘公之胤爲乃武乃文薰猶不雜後因官長子隨任不迷紀歷春秋纘戍甚緒 高祖諱明 曾祖諱海 祖諱山 府君諱琮 府君性憫仁慈謙恭適道每以不貪為寶唯將知足為恒道迹知時播尋變理吟謳時歲冀望長榮豈為電影難留魂隨參臻享年七十二去光化二載四月旨歿於私地 夫人張氏毋儀夙著範婉馳芳芙英出水之秋轡輝盈浦之夜箴誠傳班姬之善閨庭習曹氏之儀豈為石火須臾焰隨風燭享年卒于乾寧元年十二月十日歿於私室又取和氏夫人同崇咨舉 嗣子三人孟曰虔

福齡年卌二先归泉路仲子虔章佐輔柳營年廿遭於旨夕先帰
地府季子虔貞號天叩地躃踴崩摧淚洒過高柴之泣血
新婦張氏晨昏礼敬侍養昊天罔極恒泣血於繐幃不脩容貨
女樊郎婦　孫有天仙護開兜□兒孤子虔貞等扶靈啓柩
杖榮九原諧筭青烏龜叶卜課於天祐十三年歲次丙子
二月丙戌朔五日庚寅祫祔于丹城北原二里坰買新塋平原之
禮也其塋東觀龍袖勢欲騰空西涉慈雲古□不絕南覩丹
國長子來迎北倚嵩岑隱隱而來後後是時也暄風鸞琴霞際
玲瓏瑞氣凝空愁雲溢野後迎年代超忽桑田改移故刊
石為銘以記千齡其詞曰　丹城濃霧収　恃怙殞芳丘　昔日笑
雄絕　今向九泉遊　鵄喿荊榛暮　猿嗥悲隴頭　夕陽難
再覩　夜月水長流
張宗諫墓誌

高一尺七寸五分廣一尺七寸一分二十
一行行二十四至二十九字不等正書

唐故南陽郡張府君墓誌之銘并序

夫戴天履地暮息晨趍曜異川流朝榮夕落愐想人世睟
息光陰而矣
府君諱宗諫字仁讜河內脩武人也其先寔　軒轅之胤
緒　涼主之遺苗濟漢毗吳恢梁翼晉股肱　帝業柱
石　皇猷將相公卿倫昭圖諜晉司徒華公九世孫待
問長慶中爰自憲府問俗平城因爲馬邑人也　祖祢
以河洛間睽冈知官序　父與順王毋河東賈氏志恩閑
逆不事　公王遁跡丘園早沉幽壤　府君幼而令黠長
亦謙恭孝敬敦淳和叶忠信勤劬生務基業豐餘往復開
河瀆運資貨時衝炎滂疾瘵縈纏雖名秦醫難逃晉竪以
天祐十年正月十九日終於天寍私室春秋六十有二覩

戚氛慟行路傷嗟夫人天水趙氏含辛撫幼忍楚持生長
子吴十七早年殤逝次子敬習始娶太原王氏頃權泉冥
繼迎邯鄲趙氏孫男三人首曰十六撫□細門未登戒品
次曰常住曰僧住並揚揚惠黠落落道靈一女適濟陰董
氏幼承風教怡順舅姑禮敬齊眉名聞鄉邑　府君之嗣
子敬習寛舒南北儉素居家追遠之情祭葬事切器甎華
麗衾櫬鮮明以天祐十三年歲次丙子四月乙酉朔日葬
於軍城之西北隅五里馬邑縣弥胡鄉和戎里息馬之□
原前臨秦壘後倚桑乾東瀋長川西瞻廣陌塋地□列
父祖咸遷既卜佳城旋臨窀穸親眷悲悼禮事爰終恐時
代遷移陵谷更變刊□貞石紀勒銘焉其詞曰
二□□□　三光迅流　人生瞬息　榮耀何求
太行有路　巫峽□□　經營未遂　衰耄將秋

卷下　唐　張宗諫

二竪見逼　百味難療　窈然沉默　悄尒冥幽
青山戢戢　白水攸攸　杉榆森森　松栢飂飂

晉

孫恩暢墓誌

高二尺一寸八分廣二尺零八分二十三行行三十二至四十二字不等正書

大晉故孫府君墓誌銘　并序

若夫生事以禮是往哲之宏規死葬從儀況前文之備紀爰自肇分二氣□啓三才標□□於上玄極四維於下土寒來暑往遞今古之無窮葉落花開喻死生之未已地水火風之質可謂暫然松椿龜鶴之齡無由比矣厥有青州樂安郡孫府君者軒轅皇帝之苗裔高辛之胄緒也洎乎全吴覇葉降晉傳芳鶴唳冲天表延賓之意重金聲擲地留善賦之名雄礪牙洗耳之馨韜潛跡及睒雪窮經之譽

編簡而彰寄官飄飄流流清漳之右因茲駐泊安家赤狄
之傍　高祖諱　曾祖諱　祖諱重理鄉貢五經　府
君諱思暢職至衙前討擊使幼年入仕守法奉公歷職遷
名從微至著其鄉偶縈瘴瘵醫救無門享年五十有三卒
於私第夫人郗氏早流膏肓終於寢室頃因兵革祓覆丘
墳靈櫬從茲不知處所　夫人趙氏德協母儀道全女訓
三從有譽五可無虧不謂疾疢旋臨奄終遐壽享年六十
有五歿於寢室嗣子景福在家處長舉措謙和秖慕清閑
不拘職使　新婦李氏軒蓋名家素全令德能伸孝道遜
順姑嫜次子景球職至衙前兵馬使銀青光祿大夫檢校
太子賓客兼監察御史武騎尉充使院□物案前行器局
不群行藏迥異處　雄藩之上職兼掌劇司在英彥之
高談悲楊清問言閑故實行冋澆浮下筆迴鸞緣情吐鳳

新婦首婚顧氏舉桉齊眉晨昏禮備芳肌若雪內外傳風
春秋二十有三卒 再娶顧氏蓮開柳坼綽約神資無親戚
之非諱有解圍之妙智春秋二十有六卒今婚新婦李氏
婉娩華姿雍容淑懿箴規夙著婦禮能周孫男昭琥新婦
李氏次男昭翰昭畝胡兒小僧 嗣堅孫女會娘□□年巳
過弎弱冠有餘臨途彰問綃之言深夜顯辯琴之惠巳上
皆歸 天泣血擗地灰心顧罄家資咸欣安厝時以天福五
年歲當庚子十一月十一日合祔 於本莊西北七里屯留
縣□泉村左側平原也斯地東鄰蕭寺著光遠之佳名西
厠頂山有馬神之靨宇面太行之背韓国垙脉不同禁嗣
子以耀門風誠非虛耳□ 膺遷移歲月無憑指示兒孫固
叙其由鐫為銘曰
偉矣祖宗　乃文乃武　大限既終　英雄匪固

廓落乾坤　分明日月　自古自今　有生有滅

唐李實及夫人王氏墓誌

高廣各一尺六寸六分二十行行
二十四至三十一字不等正書

唐故　李府君　夫人墓誌銘　并序

伏聞人生在世可以風燭並石榮光託化於人旋又況於
世路事以難承久事須載　銘言表千代之相連認万古
之宗血　府　君隴西首望留沠盛時乃太上老君從
宮分支於路州上黨郡□八諫御北王村檫梓人也
高祖諱𡜵卿　夫人何氏　府君諱實　夫人王氏　伏
以祖者聞傳七步武透九圍藴事可能在閭里之㝝首
伏以祖外白端雖並南國虗言於生路撫安是孫童之受
育府君氣弘廣大德亮罕聞六藝可以俱全在三端之並
立　夫人容儀端白撫兒女以多能處舍難過治家

唐李實及夫人

庭之無失具載骨向芋長男思溫新婦王氏並巳亾年俱
窆祫祔祖塋之內次男思進新婦和氏長女的事宋郎再
娉郭郎小女的事剖郎孫男乞德孫男外兒　府君昆季
三人弟武先亡新婦程氏改娉別處弟讓充上黨縣宰盡
終新婦游氏姪長廝子彥貞新婦王氏的姪廷詮新婦開
氏次姪小廝兒小姪大〻哀子思進芋思生前之撫育未
展孝誠想沒後之深恩昊天罔極遂乃卜何良日選擇吉
年擇得開運三年二月十一日遷葬於祖塋內丙地安厝
其塋也四望全強東連天池之領西照蠻峰之豈南望泰
開　炎帝後倚土地神堂　府君去開運三年正月
內歸於私地享年七十有四　夫人去長興四年十月內
歸於大夜享年七十有一伏恐山河改變靈谷遷移故刊
石為銘巳留後記

左有青龍来加　右有白虎来祥　前有朱雀涌返　後

有玄武擁護

宋

璩慶墓誌

高一尺四寸八分廣一尺五寸六分

十三行行十五至十七字不等正書

墓誌銘并序

夫人住世万種榮枯逝水東傾豈能免矣府君是黎陽郡

人也　璩翁乃之後代榮継前宗於長子縣王晃村府君

璩慶置到園丘子孫興焉府君是寬弘聳峻器量深沉輕

玉如泥重交如寶禮貌温舒神清雅爽生居播種之民長

立莊之首不幸早終今於十二月初十日壬寅葬於村西

南古墳内訖東至清龍西至白虎南望朱雀北至玄武先

有居一永為宗廟　長子璩錫次璩秀璩太璩思璩道

孫男孫未孫隣孫立孫元孫顔孫琪孫千孫尚德兒富得高住安安伯壽
慕以韓哥重孫公書發住元符三年十二月癸巳朔　長子孫錫上
趙和墓誌
高一尺八寸六分廣一尺八寸二分二十四行行二十六字正書

宋故趙公墓誌銘并序

河東裴　公輔　撰并書及篆

公諱和字子禮姓趙氏鄜州洛川縣龍門鄉中趙里人也
高曾而上罹五季之乱家譜靡記大父諱　父士元皆隱德
不仕世以服田力穡為業冠鄉戶之甲　公年未壯室既
然有四方之志一日謂昆仲曰勤勞稼穡非我志也由是
悉付其産於宗屬奮挾大河之東寓迹汾水之上樂其人
物蕃庶井邑駢密貿易經營得遂其志因而家焉自秦抵
晉謹身節用不十數年復預豪籍之右　公善治家事畢

措有法於長上致勤於朋友篤信閭里之人無賢不肖皆
欽慕之晚節好恬淡喜釋氏貧乏者哀矜之又從而振貸
之非心懷惻隱孰能至於是與於戲弥留寢疾薤露俄晞
紹聖三年正月十九日終于家春秋六十有一識者聞之
莫不相吊而哭之慟其配曰孫氏貞規克順柔德推明禮
終婦儀家叶母訓二男長曰潤歷江淮京洛為富商大賈
娶梁氏次曰津克承父志清慎守成娶文氏一女適清河
張貴繼　公而化孫男三長曰杲次曰棠次曰柔孫女二
長適豪族張洪次幼在室卜用政和六年八月丙寅之吉
葬于汾州西河縣大夏鄉橋南里先期子津請銘以誌幽
隧義不可免直紀行事系之以銘曰

天水趙公　秦川誕育　治本於農　樹藝五穀
棄其田疇　委諸宗族　經營四方　抵汾之曲

未十餘春　堂構復新　倉箱浩浩　子孫詵詵
拯濟周旋　樂善随緣　康寍富壽　保終天年
古云孝行　生事死葬　追遠慎終　誌其塋□
地壹段南北長貳伯伍拾玖步闊伍拾捌步内郝宣
德□□□計地伍拾玖畝捌分伍厘東至郝節推西
至謝大姑南□□□北至武弁内自己圍封占貳畝
張天民刊

半金

程明遠墓誌

高二尺二寸四分廣二尺六寸三分二十五行行二十四至二十九字不等正書

□□□公墓誌銘　鄉貢進士劉濤　撰
公諱　字明遠姓程氏上黨屯留人也曾祖音昇祖讚
父琮皆不仕世以農爲業母連氏生二子君其長也公自

幼聰敏不好戲弄韻致過人器度出衆欣父季以官句户
籍實有嘉聞旣長耽学日夕以典藉爲務頗工爲文喜音
律善卜擇通今古好談論延接英儒爲忘形友事親竭力
處性欽順於是孝悌之譽振揚于外惟公端在謹厚和柔
有裕直而不倨正而不欺真所謂隱德君子也嘗有飢民
□人值臘寒道左凍莩撫𢟍皆甦壯歲從軍當百□之陳
獲勝弁損於人偶得柔毛僅十皮養至旬余訪主還之適
會軍人□賊作過身如〇漆弓手捕獲公以誠言教之有
司克罪公以慈儉致家益肥今閭閻借貸者了無難色
輙濟之有貸而不能酬還雖執券喜而却付以德善卹義
聞于人所賴全活者不可勝數君天資倜□□□□□
人言心無所隱忽卧病其子□□求醫屬言曰水土□到
夘地多憂□□服藥以明昌二年正月九日終于家享年

七十有四娶趙氏婉淑有賢行生男一人曰曉聰智明敏畋漁于書林娶裴氏卒繼娶郭氏生女三人長適李登次適李稠次適李智再娶李氏敬順益惠孫女四人伴姑在室次慶兒次明兒次金兒皆幼卜以是月二十四日并君之考妣祔妻趙氏新婦裴氏舉葬于村西北百步山川之原新阡附西南正西二祖塋龍畢崗□一里平之原也其子曉持行狀懇求於予義不可辭乃為之銘銘曰

人若義求　公以誠許　賑濟孤貧　不失其所
傲忽諂佞　無顧仇究　意氣耿介　惟出直言
三益取友　皆為儒士　秉燭嬉遊　高談国史
公之德量　等於滄溟　遽□仁者　難問圓盲

明昌二年歲次辛亥正月二十四日□□克□

趙珪刊

山右冢墓遺文卷下

山右冢墓遺文補遺目録

目錄

山右冢墓遺文補遺

上虞　羅　振玉　校錄

隋

□靜墓誌

高一尺七寸九分廣一尺九寸
三分二十行行十九字隸書

君諱靜字迴鑾南陽荊州人也蓋黃帝之苗胄周靈王之
裔孫太尉玄之枝子因官命氏類田常之先封穆昭王父
同孔丘之得姓高祖寵藉甚風雲不就逡勞之職經不釋
卷有慕讓國之侯魏平文初起家拜南陽太守瀕州刺史
曾祖歸習爵太原太守祖高征虜將軍朔州刺史父闡解
褐殿中將軍莫安令封寧蹕武畏文爰猶舊憲志存弓馬
撫劒長哥起家拜幢武太守水惠告終齊遷魏鼎始祖文
宣應期受命乃也勳舊詮序匪官又授驃騎大將軍開府

儀同三師定州諸軍事歷鄭三州刺史君杖志江垣保神
崗遠栖也風月不事王侯
皇帝養老尊賢有踰三代爰 詔所司省方巡撫以君禮
及懸車年當二膳授楊州刺史未及期頤之年奄離辰已
之歲春秋八十有六開皇三年五月廿五日薨於上黨郡
鄉義里其年十月丙寅朔十九日甲申合葬於潞州城東
南五里昔輕輪不轉乃樹滕公之墳碑上金生方識曹侯
之墓乃為銘曰 電逸旋樞黃精誕世裂土開壇稟靈著
帝其一王祖滄霞輕舉伊洛太尉神感圖形麟閣其二乃祖乃
父超步飛纓為斯表遠日照金生其三

韓祜墓誌

高廣各二尺五寸五分二十七行行二十七字隸書

故開府儀同墓誌

君諱祐字景祚上黨壺關人其先高辛氏之裔孫周武王
之枝子胜土賜姓上繼列星之文因官命氏下表河山之
瑞崇勳樹德啓土夏陽□宿分封埏兼河洛爰暨中葉淮
陰告存三晉威衆振漢侯秦韓鼬鉞成九轉神仙乘雲謁
帝期運之隆代有人也枝子襃孫斯土爰宅伺仲尼之家
魯類成子之邑齊曾祖峻道兼緝素德括羣英州辟主簿
儀範容止温恭朝夕又轉別駕贊毗嶽牧文武兼資助剋
六條才堪失冶除鎮遠將軍安定太守辭禽無翅猛獸含
牙祖欽父昭秦穆緤軌衣纓在邦必聞在家必達郡辟功
曹州辟主簿又除北海太守恩若冬光威踰□日父尚生
知藝術博極羣儒妙解二玄探賾空有風后剋敵之書軒
轅百勝之術算不納之懷臆舒也四氣州辟主簿器維穴
受不豪小知雖潛九皐聲聞天聽　詔旨遙拜爲上黨君

古補　隋　韓祐　二

水運告終九服分鯁方欲僉議廟堂折衝海外有志未施
俄及辰巳暨齊應寶命卷領垂衣注拓先賢追加褒錫武
平二季　詔贈假節都督并州諸軍事并州刺史昔裔玄
懷道魏武祭已太牢韓君至惪悼后享之牲犢異代殊途
其致一也君稟靈星象宦著軒轅雖處布衣不交非類懷
仁汎愛聞義必歸天保十年特　詔徵入禁闥恪懃恭敬
簡在帝心雖曆十年職同百里授陵江將軍食招越縣幹
又轉東常侍又除中侍中又授開府儀同三司爵等三槐
位超九棘紫庭金屋弘莽維君天命去齊周人遷鼎公卿
將相咸建白旗侯伯子男皆降軹道君懷節懷義致事東
皐去祿去榮鹽彼南畝逍遙風月之下散志山泉之上昊
天不惠殲此哲人太山其頽良木斯折春秋七十有五
開皇六秊五月六日薨於弟其年十有一月七日葬於長平

城南十里堯山之東麓徃城欝〻良馬悲嘶止壟峨〻錫
楸秘記其辭曰
韓城夲枝百㐌千載休馥爰曁中葉淮陰舊武迮漢允秦
呑齊併楚威振華夏聲邁八古維嶽含質稟靈呈象好是
正直志無偏黨掩房金屋頼其弘奬地□良馬墳旌楸錫
世憶餘息人思舊跡聊述□芳□之玄石

申穆墓誌

高二尺廣二尺零八分
二十行行二十字隸書

君諱穆字顯和上黨壺關人也其先□帝之遠冑申佰之
苗裔賜姓命氏丹詔播其遺芳建國受茅分玉餙昭青史
茂葉循柯衣纓弈世子龍道□幽顯左史勒其至仁嘉狀
抗節周餘斂青重其高□十世祖□魏青龍初莅上黨郡
守囙即家焉曽祖□後魏□□四丰禮及懸車詔授[illegible]縣

令祖瓚太廷□丰州碑□□父琛有悳有義鄕黨欽其至
誠好仁□士郡國□其紀□□神龜初郡辟主薄君幼如好
學執禮尊儒□術詼通七□□□後已先人事君見
危授命齊天保初大閱文武詮序廣官以君氣□過□起
家拜別蘭韜督董師貔虎積履戎場樹德崇勳授□□太
守未及四履之年遂離辰巳之歲齊大寧二年卒於第春
秋五十有三大隋仁壽元年歲次辛酉十一月四日甲申
與夫人李氏合葬於壺關城北三十里三垂山之東麓九
扃掩鑰孤月慘照於高墳碑上金生楊風告哀於北燧將
恐嵩山鳴鳳逐王晉如不歸犬吠雲中隨劉安而忘反乃
為銘曰　感悳常羊道成萎水得姓霙殿功高四履爰暨
中葉啓五千申三桀高尚青史稱仁至人餘風世傳纓組
唯君沖粹經文□武碑上金生攡甄孤月犬逐霞潛鳳隨

雲没

唐

任愛墓誌

據蒙本著錄高廣行字不可計行書

大唐故翊衛任君墓誌銘并序

詳夫纖軒搆極龜瑞騰芳掌握所以摛宗継體由其列氏侯分西漢望建西河即其後也君諱愛字友仁汾州隰城人也父恭驃騎大將軍臨濟縣開國男英聲一代封襲千年階籍緒冠位參龍翊望昇鴻漸希陟鷺遷豈期衆委和松山摧菘玉春秋五十有三光宅元年十一月廿七日卒於家第前夫人陳氏後夫人謝氏並德融婦礼夙預三從慈幹母儀忽歸万化嗣子懷眘懷嗣並前翊衛兵部常選哀深冬笋望絶南陔應仙鶴以跡墳感祥禽而助壤開元

六年歲次戊午十一月辛卯朔十二日壬寅合葬於汾州
東北三十里平原礼也北望高壟東覩汾泊有處桑田海
變故勒斯銘云尒
珪璋君子桃李佳人珠暎代玉露晞哀柰何威德萬里沉
魂

崔嚴墓誌

高二尺三寸廣二尺二寸八分十八行行十八字行書

唐故崔君墓誌銘并序
君　諱嚴清河人也遠祖從官上黨子孫因而家焉　昔
漢朔有命羅開七葉之榮韓国克昌印綬錫五侯之寵可
略言也　祖道隨本州縣令夫人李氏　父瑋唐朝騎都
尉正直是則忠烈是聞肶屈節於公侯樂歸田於農圃
夫人二　王氏　一李氏並支芳八桂葉茂九蘭向夜月以分

姿誂朝雲而絢質　姊洛唐朝文林郎詞行芳潤裏珠露
於春藂割折片言監金波於秋漢　夫人二並李氏婉〻
姊德灼〻穠華　苐洪福妻輔氏毅妻路氏並不終孝養
俱卒私苐〻以開元十五年歲次丁卯十月己巳朔廿八日
丙申會葬於縣城西北卅里之原禮也左綿九達右栓瀘
川智水瑩瞙遠其前靈剡吟空鎮其後嗣子洪毅洪奭洪
太洪㞋芽德粲七日泣血三年杖而可行扶而後起恐陵
谷貿遷乃勒銘記其詞曰　哀纏薤露痛結松音何期兩
紉前後俱沉其一

李經墓誌

高廣各二尺零四分十八行行十八字正書

李君墓誌銘

公諱經字經其先隴西人也隨朝從居上黨遂為上黨人

古補　唐　崔嚴　李經　五

馮公季子希玉任幽州莫樂府折衝轉居范陽今爲范
陽人也　高祖諱　覇游擊将軍右羽林長
上檢校安西副都護營田使賞紫金魚袋祖諱　仁游擊
将軍右騎衛澤州高平府折衝都尉賞紫金魚袋　公操
稟言温長林偉度文華冠廿武藝絶倫年廿三賓薦擢第
便授懷州綱善府別将游擊将軍賞緋魚袋暨神龍元年
終於上黨之私第夫人霍氏天生麗容有典有則克諧婦
道明閑母儀享八十終於范陽之私第也嗣子神福孝以
居心攀號罔極崇棺櫬倫衣衾以唐天寶九載二月卜塋
於縣東北二里千齡鄉平原禮也而安措之其詞曰　吁
嗟府君兮百夫之特吁嗟夫人兮温柔四德卜其宅兆兮
安措彼原子子孫孫兮攀號罔極
天寶九載歲次庚寅二月庚申朔一日

畢游江墓誌

高廣各二尺零六分二十
一行行二十二三字行書

唐故畢府君墓誌銘并序

公諱遊江平陽王彥之後也世居太原豪族弟一英材倜
儻智謀深邃謙約節儉廉慎有規於家以孝有曾閔之心
事君以忠曉從横之略寬而能猛猛而能寬接朋友盡盛
德之儀理室家剛柔得中有仁人爲有社稷爲賢妻在室
遥鑒於山□令子理家更崇於幹蠱　公周之宗盟也継
世在蘇王侯之種挺宦不遂蓬轉於兹降志屏身隱於城
市爲淂甘脆以奉　慈親日居月諸卅餘載公之
太夫人以貞元十三年七月六日傾背公　禮制不虧大
事終竟矣　親也生事之以禮死葬之以禮祭之以禮可
謂孝道全矣　公有子二人長曰忠義次曰元清皆有令

古補　唐　畢游江

闕皆　以之有典有則也將以積善之人保受其福豈為
降年未永罹此禍殃以貞元十九年六月十四日壽終於
恒府敦愛坊之私第也時年將耳順深可哀哉里巷不歌
鄉鄰欷息則其年七月一日歸葬於府城西北七里氷河
鄉之原也傾城出祖縞素盈途之葬者執拂而行赴弔者
隨柩而哭白馬前引顧步而悲鳴啼鳥以臨向風而悽惻
恐陵谷遷紀茲貞石用昭不朽聊述德音詞曰
樂只君子邦家之光日來月往身歿名彰松風切切野霧
蒼蒼昔作人中之寶今為泉下之鄉
大唐貞元十九年七月一日

薛貞墓誌

高一尺七寸五分廣一尺八寸
四分十六行行十五字正書

君諱貞字君幹河東人也大承相益州□史琅琊王薛黯

之苗裔西巳王薛興之後俏曰官晉部徽望太原軒蓋門
傳□据積馥祖　季荊州録事參軍父　□幷州祭酒乃
祖乃父冠冕相承為質□文俱泰□□□智信兩備仁勇
俱兼□盈□沖忠□□□厲先　皇龍飛泠□捘募入京
□□□定封魁奮戟而□□醜蒙授上護□朝散大夫兼
以性仁□慈崇国樹福齋或為志搆疾相侵□□不瘳沈
痾遂固春秋八十粤以龍朔三年五月七日薨於私第其
年十二月十七日葬君于陽邑故城南一百步其地勢也
未謝□□其所有也豈封豈樹夫悲纏原野痛傷行路烏
乎哀哉長年永記

柳君墓誌

高一尺四寸三分廣一尺四寸十四
行行十七至二十三字不等正書

唐故朝議郎行忻州司馬柳君墓誌銘并序

古補 唐 薛貞 柳君 七

君諱□名字真名其先河東人也　曾祖慈□□銀青光
禄大夫貝州刺史　祖仁秀唐朝散大夫睦州司馬　父
慤朝請大夫辰州都督丞纘昭業皇周之奠恤損錫羡推
賢迭遷公甫年弱冠孝廉擢第騁文藻韜策略屬時寇虐
特為使司委馬不移良佐滚兼防禦副使運良籌整師旅
故能平乘轄睦少長有禮豈其彼蒼不慭俄然寢疾以乾
元二年十二月廿三日終於公館春秋六十有五以其月
廿九日權殯於州城西南三里九原崗禮也嗣子銛次子
澳次子沔璹子溆殄荼茹苦泣血崩心痛厚地而無追恕
終天而永訣嗚呼哀哉其詞曰
蘭芬而摧玉美亦析嗟乎彼蒼喪此賢慭其二　□□高道人
稱遺愛根東逝而長卿泣西傾而不再其三
宋

吳良墓誌

高二尺四寸廣二尺三寸五分二十三行行二十
三至二十一字不等額題墓誌銘三字並正書

宋故濮陽郡　府君之銘

伏以　府君姓吳諱良籍潞州長子縣欽宗鄉吳村人也
祖諱智　父諱嵩以雅行表儀鄉里世服農業娶陳氏生
男一人皆有令名揚於州黨伏以　府君君其一子也少
有職別性博厚貞魁偉篤人端謹于未冠時父器之掌使
其晌雖至豐盛而未嘗有云數私己之心故數年間貲產
遂至雄富皆由　府君謹儉而致然也為性謙靜重厚少
言非在間居戲笑之際心懷寬蕩量廣柔和六經百是無
不記覽常思逍遙道聖之言放尋青閑詩詠詞調見賓者
無不惠恩之次者衆美之矣　委家嗣子放心喜不倍勝歲
然於余豈為小補云哉壽之不永去元祐八年七月三十

日遷戌而終卒　享年六十有九娶張氏婌淑長於治長
生三男長曰　自固　次曰　自顔　自擢　孫男　琮
喆　琮𤣥　琮立　無土　伍哥永興　偎哥　日興
善興　㢘譽女四人　劉郎婦任郎婦常郎婦暴郎婦孫
女　𢬵住　美娘　敬勝　況自固常思報父之恩注念
住存行歩朝〻意想無門夜〻悲心無計曾参有五孝居
全傍董永遷葬之禮然乃孝發乎心衆商之矣遂乃山崩
卜兆選地安塋當年十二月廿十九日葬於村西北二里
其間乾山下穴水卧龍崗前有青龍遶地後靠玄武之崗
八山有風水居全四西昭覘遠望東沽百穀之山西連華
嶺大廟南望仙翁聖景北靠師基靈山嗚呼哀哉劬勞難
報孝思無柰塋右禮也故其銘曰
誐何異人　性悟而紀　父試職賄　私巳罔闘

稟性孰直　濟惠饑貧　飲酒詠詩　墓道親賢

刻石爲記

元祐八年十二月　日銘

山右冢墓遺文補遺

山右補　宋　吴良